ZHU ZIQING SHIZHUAN

朱自清诗传

方大卫 著

安徽师范大学出版社
ANHUI NORMAL UNIVERSITY PRESS

· 芜湖 ·

图书在版编目(CIP)数据

朱自清诗传 / 方大卫著. — 芜湖：安徽师范大学出版社,2020.7
ISBN 978-7-5676-4485-4

Ⅰ.①朱… Ⅱ.①方… Ⅲ.①朱自清(1898–1948) – 传记 Ⅳ.①K825.6

中国版本图书馆CIP数据核字(2020)第101235号

朱自清诗传

方大卫◎著

责任编辑：胡志立　　责任校对：胡志恒
装帧设计：丁奕奕　　责任印制：桑国磊
出版发行：安徽师范大学出版社
　　　　　芜湖市九华南路189号安徽师范大学花津校区　　邮政编码：241002
网　　　址：http://www.ahnupress.com
发 行 部：0553-3883578　5910327　5910310(传真)
印　　　刷：苏州市古得堡数码印刷有限公司
版　　　次：2020年7月第1版
印　　　次：2020年7月第1次印刷
开　　　本：700 mm×1000 mm　1/16
印　　　张：10.5
字　　　数：152千字
书　　　号：ISBN 978-7-5676-4485-4
定　　　价：39.80元

如发现印装质量问题,影响阅读,请与发行部联系调换。

序

　　方大卫教授的新著《朱自清诗传》即将交由安徽师范大学出版社出版付梓，嘱我作序，我有些为难，觉得自己绠短汲深，难负大任。可是，大卫教授几番盛情邀请，并说"将大大提高《诗传》的影响，对我也是一种鼓励和认同"。蒙大卫教授不嫌弃，我就斗胆提笔，说上几句。

　　提到朱自清先生，很多人会想到散文《荷塘月色》，文中的"闰儿"就是我父亲朱闰生。一九五〇年，父亲被分配到山西工作，直到退休。我就出生在山西并在那里长大。朱自清先生说他是扬州人，我们便把自己当作扬州人了。二〇〇四年，我们全家迁居扬州，我在文化研究所工作，并在朱自清故居兼职。自然，朱自清和相关资料的收集、整理和研究也就成为我工作的内容，这既是扬州地域文化研究的需要，也是文学史、学术史研究的需要，当然，也是整理朱氏家族史所需要的。

　　这些年，除了国外，我走遍了先生当年足迹所至之地。寻找他留下的痕迹，了解他当年生活、工作的方方面面。也许是亲属的关系，和一般研究专家略有不同的是，除了文学创作、教育教学和学术研究外，我也注意先生的生活方式和状态，注意他的为人做事，待人接物，生活琐事，等等。在我看来，先生首先是个普通人，他有着普通人一样的兴趣爱好；有普通人的情感世界；当然也和普通人一样，会遇到各种困惑、烦恼、挫折、坎坷。先生取得的成就，实在是他不"普通"的努力所致。许多人会想象他是一位潇洒倜傥的大教授，实际上他是那种温厚朴实、平和中正、律己宽人、谦逊勤勉的内敛之人。先生曾经说过，做事情"人一能之，己十之；人十能之，己百之"。他和他的朋友说过，自己资质平平，如果不勤勉努力就做不出几件像样的事来。先生觉得自己是只笨鸟，当有先飞之勤。民国文人中不乏学富才高的学者大家，他们秉性不同，风格各异，或闲云野鹤，或匕首投枪；或高山深谷，或微雨轻风，而先生是另一道风景——秋水长天，悠远、宁静、澄澈……

一九二五年，经胡适和俞平伯推荐，先生从一个中学教师一跃成为清华学校大学部的教授，后来还做了清华中文系主任。他自觉学问不足，压力巨大。他在北大学的是哲学，到清华后教的却是国文。清华当时是大师云集，名流荟萃，而他只是个本科毕业生。他担心自己名不副实，在学术上落伍，因而更加勤勉。他经常自我审视，自我反省，自我鞭策。几次提出辞去系主任的"官职"，一心想专心读书治学。即使在假期，他也是隔一段时间制定一个读书计划，勤奋读书，充实自己。他自己本身在古典诗词方面有相当的功底，但为了教好这门课，他还是向诗词专家黄节、俞平伯和语言学家王力等人虚心请教。他的日记是中、英、日三种文字书写的，意在巩固和提高自己的外语水平。

先生上中学前后，家道中落，境况窘迫。为了维持生活，让孩子们继续念书，家里开始变卖或典当家产，原有的玉如意、落地古钟、朱红胆瓶和板桥手迹等，要么被卖掉，要么进了当铺。这还不够，家里还借了三千块大洋高利贷。这种生活的际遇，使先生在很小的时候，就对底层百姓的生活有了切身感受，因而他的一生对底层百姓的生活寄予了深切的同情。纵观他的散文小品，特别是像《背影》《荷塘月色》《春》等经典名篇，无不饱含着真、善、美的真谛，打动过一代又一代读者，这种真挚朴实、美好的情感和追求，正是他善良本性的流露和表现。

一九四八年八月先生病逝后，曾引发了一波声势浩大的追悼、回忆浪潮。一个月的时间，全国各地报刊发表悼念文章一百余篇，日均三篇。东北师大文学院徐强教授讲，"从波及范围、绵延时间、作者数量、文章篇数来说，都超过绝大多数同侪"，形成一个"文化事件"。先生离世七十多年了，当年的余音回响并未中断，直到今天还有许多人在怀念他，纪念他。前清华大学校长、中科院院士王大中说："在二十世纪文化史上，只有很少的学者能像朱自清先生那样广为人知"，"受过中等教育的华人或修习过汉文化的外国人大抵都知道'朱自清'这个名字"。我觉得，这其中的原因绝不仅仅是他写了一些散文经典名篇，更主要的原因在于他的文化人格，他的人格魅力。二十世纪八十年代，有学者把纪念追忆先生的文章编成了书，其中两本书都注意到了先生的文化人格，一本是《完美的人格——朱自清的治学与为人》，另一本是《最完整的人格——朱自清先生哀念集》。足见先生的人格魅力影响之大。

曾有人问过我，先生给我们留下什么财产了？先生一生清贫，举债度日，确实没留下什么钱财之类的东西。但他留给后人三样"宝贝"：第一，是那些镶嵌在中国文学史长廊里的散文名篇。先生以独特的视角和精美的语言，创作了具有民族特色和审美意识的散文作品，成为白话散文创作的范例。第二，是先生作为教师和学者在教育教学和学术研究方面所表现出的认真、严谨、负责的风范。他所倡导的"贯通古今，融汇中西"的办学方针和"微观上严谨，宏观上开阔"的学术风格，对我国的人文学科建设有着深远的影响。第三，也是最重要的，就是先生的人格魅力。人格如金，是做人的底色。先生甘守清贫，捍卫民族尊严的气节、风骨再次诠释了我们的民族精神。我觉得，这几样东西既是我们民族的文化遗产，也是宝贵的精神财富。借用前清华大学中文系主任徐葆耕教授的一句话："他那清瘦的背影时时鞭策着我们，让我们的灵魂不致被五光十色的商品世界所吞没。"

我认真拜读了大卫教授的《朱自清诗传》，老实说，我很惊讶。看得出，大卫教授很敬重朱自清先生，他以真诚执着之心，花费了大量时间和精力完成了这部作品。如果没有足够的了解与研究，如果没有一种诗人的追求与情怀，是断然写不出来的。作为朱自清的亲属，我们非常感动。感谢大卫教授的努力！

以诗作传，勾勒人生轨迹，当为创新之举，在我接触的朱自清研究成果当中，尚属首次。全书以八章四十八节、另加"序曲"与"尾声"，一千四百句的浩大篇幅，赞颂了作为诗人、作家、学者、教育家、民主战士和爱国知识分子朱自清先生平凡而卓越的一生，将鉴赏经典作品、描述时代风云与讴歌"最完美的人格"联系在一起，为我们展现了一位"最受中国文人爱戴"的现代知识分子形象。我以为，这是大卫教授写作这部诗传的意义所在。

纪传体文字与诗歌是完全不同的表达方式，怎么才能把两者完美地结合在一起？怎样才能达到一个诗人心目中的理想境界呢？在这方面，大卫教授的《朱自清诗传》表现出了自己的特色。《诗传》将朱自清先生短暂一生的几个重要阶段，梳理补遗，突出重点，巧妙构思，并将最适宜用诗歌形式表达的素材和情境，吟诵成篇，言志抒怀。如"永远的背影""桨声灯影诗悠悠""走出象牙塔"等章节所表达的诗境，就是如此。这样，会给读者一种"既熟悉又陌生"的惊异感和亲切感，给众多现代文学研究和朱自清研究者、爱好者以启迪，也达到了《诗传》"歌唱一个故事"的效果。

从《后叙：我与朱自清研究》一文中，我还了解到，大卫教授对目前学术界关于朱自清研究的现状与成果甚为了解。朱乔森、姜建、吴周文、陈孝全等诸位先生，也是我熟知的朱自清研究专家；朱乔森还是我的叔叔。上述诸位专家，学有专攻，在朱自清散佚文章收集和"文集""全集"整理方面，在朱自清"研究资料""年谱""传记"编撰方面，在朱自清作品赏析与创作探讨方面，都做出了突出贡献。大卫教授认为，他们的研究成果，给他的创作提供了丰富的素材，也启发了他"另辟蹊径"，以及撰写《朱自清诗传》和先前另一部学术专著《朱自清创作思想研究》的勇气与决心。

大卫教授的诗作，朴实无华，于缓缓的叙说中蕴含着无限的深情。

他非常注重新诗的特点，讲究句式整齐，节奏分明，用韵优美，便于阅读。如开篇《我为你而歌》，寥寥数语，用直白的诗语，为我们勾画了一位"诗传"主人翁的形象、品格和风采。作者之所以歌颂他，是因为他是"一位文学天才"，他是"一个时代的标志"。再如《桨声灯影诗悠悠》一节对夜游秦淮河场景的描写。作者将朱自清、俞平伯的同名散文《桨声灯影里的秦淮河》中景物与心境的描写，与《诗传》中的诗情画意巧妙地结合起来，既是朱自清作品的展示，也是作者对经典的赏析与推送。像这样的情境描写，《诗传》随处可见。

我注意到，诗作的每一章节，用墨都比较平均，所以，建议他是否可考虑根据内容的重要程度，或浓或淡，或多或少，加以锤炼。他欣然接受，并于后续的修改中，逐字逐句推敲，逐节逐章揣摩，做了切实而有效的补救工作。

我与大卫教授虽只一面之缘，但他和他爱人的"平和"与"真诚"给我留下很深的印象。我们年龄相近，彼此有着相同的生活经历和人生体验。我们在一起，愉快地品茶交流，一个下午的时间，不知不觉就过去了。这次相约为序，写下这些话来，不知大卫教授满意否？

是为序。

朱小涛

2019 年 12 月 14 日，扬州瘦西湖畔

目
录

目
录

ᐯ
ᐯ

序曲　我为你而歌

历史的车轮滚滚而来
为我们创造了一个时代
那是一八九八年呀
每个人都记住中国的存在

这一年，戊戌变法的倡导
是思想启蒙的展开
这一年，《天演论》的出版
震惊了国内海外

这一年，创建了京师大学堂[1]
那是北京大学的由来
这一年，诞生了许多伟人
少奇，恩来，彭德怀

也就在这一年呀，朱自清
降生在江苏的东海
从此，中国新文学史上
增添了一位文学天才

你是一位诗人
听见号角便心潮澎湃
你是一位散文家
用丹青的笔墨去抒怀

你是一位学者
耕耘在不平静的书斋
你是一位民主战士
表现我们民族的英雄气概

我为你而歌啊
不仅是你"狷者"的风采
你是一个时代的标志
你最受中国文人的爱戴[2]

第一章 求学北大

1916年秋，19岁的朱自清先生以江苏省立第八中学（现扬州中学）第一名的成绩，考入北京大学预科。同年，遵父母之命，与武钟谦女士完婚。第二年，他跳级投考北京大学本科哲学门。这时的中国，正是『五四』运动的前夜，各方面正酝酿新的思想，新的革命。朱自清不仅亲身经历了『五四』示威游行活动，而且在新思潮的感召下，开始创作新诗，呼唤新时代。这既是朱自清个人文学活动的开始，也是中国新文学史的发端。他在校期间，勤奋学习，兴趣广泛，并主动参加『平民讲演团』『新潮社』等课外活动，开阔眼界，积极进取。1920年春末，朱自清修满学分，提前毕业，结束了他四年的『求学北大』生活。

在北京大学期间，朱自清与友人在万寿山合影。左二为朱自清。

1.扬州的思念

北大是立志者的梦乡
从此，你的探寻便扬帆启航
当你回望那从前的日子
你的记忆在这里徜徉

最难忘，江都这座古城
京杭大运河交汇长江
那辉煌的历史与美誉呀
你悄然离开，却无法淡忘

最难忘，广陵历史的风流
也记得悠然华丽的画舫
瘦西湖，名书画，淮扬菜
都是当初朦胧的模样

最难忘，那茶馆的风味小吃
炒白果，烫干丝，蟹壳黄
还有读书人的闲适
全透着那份淡定的印象

最难忘，栀子花淡雅的味道
隐约于深深浅浅的街巷
白而晕黄的素净颜色
与那卖花姑娘的韵味相仿

最难忘，私塾先生戴子秋[3]
把你领进了国文的殿堂
做一个真性的文学家
就是你当初最热切的希望

你爱扬州那座古都啊
不是一般旅行者的想象
生于斯，长于斯，歌哭于斯
那是你日夜思念的地方

2.以诗人的姿态

那是，一个时代的呼唤
那是，一个民族的呐喊
"民主"与"科学"的旗帜
在沉寂的堡垒前舒展

此时，你以诗人的姿态
昂扬地跨入了文坛
在"五四"新风雨的感召下
你的心中泛起了波澜

你惊诧西洋孩儿的安详
睡梦中有母爱的陪伴
你追求指路的光明
并不依靠上帝的偏袒

你同情被吞噬的羊群
是对旧制度的愤然不满
你歌唱新年是未来的种子
将心中的激情点燃

你称赞煤的赤和热
是为了抒写灵魂的绚烂
你眷注苏醒的小草
是对青春和生命的坦然 [4]

在灿若星辰的诗人中
你是最热诚的典范
你参与研讨的"新潮社"
已成为，文学耕耘者的摇篮

于是，未名湖畔的风光啊
闪烁着年轻人的梦幻
你把全部的赤诚
都献给新时代向往的彼岸

3. 择偶的惊喜

还记得十九岁的那年冬天
遵父命，你返回了家园
徘徊在扬州的琼花观
迎娶了同庚新娘——武钟谦

红盖头下，藏着爱笑的姑娘
婚前你们从未相见
她偷偷告诉你惊天的秘密
长辈相亲时，她根本没有露脸

你是朱家的长子长孙
十来岁便有了"择偶"的体验
命运牵着你无法自主
如今，惊异这欣喜的出现

你的泰山是一位知名的郎中
在扬州行医几十余年
只因治愈了你父亲的伤寒
才结下，眼前这美满的姻缘

一个寒假，一回蜜月
你们躲在小屋里亲密无间
你陪她欢笑，陪她哭泣
分手时依依坐在床沿

这一别又是天各一方
你多了一人为你操劳挂念
她为你，生儿育女
她当了手镯帮你凑足了学费钱

从此，再不能单纯地去读书
你想到家境的日益难言
改"自华"为"自清"跳考本科 [5]
你要修满学分——提前毕业

4.永远的背影

那一年，郊外大雪纷飞
也是朱家呀最艰难的年岁
祖母怅然离开了人世
父亲正为自己的差事而愁眉

办完丧事，父子同行
在南京浦口站你启程北归
父亲临别为你去买橘子
那背影啊，让你流下了热泪

在晶莹的泪光中
你看到父亲一生的颠沛
他那肥胖身躯的攀爬
镌刻在你脑海中难以消退

忘不了，父亲的怜爱
围坐寒冷的冬天烫豆腐暖胃
忘不了，父亲激励你读书
为你默默的长进而欣慰

忘不了，父亲他乡谋生
面对艰难的生活从不气馁
忘不了，父亲老年颓唐
为自己的貌似聪慧而后悔

这是，人世间难见的场景啊
是演绎电影镜头中的忏悔
那淳朴"背影"的魅力
是滋润你灵魂深处的一抹泪水

这看似平常而平凡的细节
却被你日后静静地描绘
你娓娓道来的小品文
创造了如山一般的父爱之美

5. 走近平民

淡淡的梅香，淡淡的校园
它正酝酿着走近平民的讲演
在蔡元培校长的倡导下
一群学生的愿景得以实现[6]

"平民教育讲演团"的成立
是那先觉者美好的夙愿
年轻敦厚的朱自清呀
也毅然站在热腾的人群前

你被选为第四组书记
赴通县，不惧春寒跑在先
"平民教育是什么"
全靠自己的认识与实践

听众的热情感染着你
你青春洋溢，讲演于路边
"我们为什么要求知识
我们为什么要纪念劳动节"

一时间，轰动了北京街巷
学子们要与百姓呀打成一片
就在这个特殊的情境下
你与邓中夏的友情翻开了新篇[7]

无论是"役夜班"还是"夜校"
国文教学是你的心愿
虽然不取分毫报酬
你仍乐意讲授在民众之间

在《新青年》《新潮》的影响下
你在反思民主革命的预见[8]
课堂中讨论的理想啊
定能在走近平民之中实现

6. 未名湖畔情依依

远望，五月的未名湖畔
轻舞的柳条随风兴酣
你完成了大学学业
愉悦中的沉重感在眼前翻转

这是一个新旧社稷的交接
一切都来自思想的变幻
每一位热血的青年
正接受革命的洗礼与感染

你走向文学道路的开始
便跨越时空汲取诱人的灵感
你走近普通的市民之中啊
新的念想，星光亮闪

你在哲学的田地里耕耘
却将视线眷顾于文学的山岚
你立志做学问的想法
却是如此的简洁而宽泛

你结识的热心朋友
誓将不合理的社会推翻
你的性情，你的真诚
都渗透了未名湖水的质感

长子迈先的悄然降生
为你的学业增添了负担
你贤淑的妻子啊
正盼望你早早地返还

热忱而宁静的未名湖
有多少记忆留在你的心坎
为了甜美的幸福与未来
你要飞回扬州，飞回江南

第二章 执教江南

1920年暑假后，朱自清先生携夫人武钟谦女士去杭州第一师范任教，开始了他中学国文教员的生涯。在之后的五年『执教江南』中，他先后在杭州、上海、台州、宁波、白马湖、扬州等地学校工作。这期间，他一边服务于中等教育，一边继续追寻他的文学梦，写出《毁灭》《桨声灯影里的秦淮河》等许多脍炙人口的作品，在当时的文坛上产生了极大的影响。他还参与《文学旬刊》《诗》等多种期刊的编辑和推荐工作，担任『晨光』等学生社团的导师，指导学生文学创作。尤其是，这些年的中学国文教学实践，使他日后对中学国文教材的编辑、审定、撰写，对国文教学的教材教法的探索，都做出了卓越的贡献。

1921年12月31日，欢送俞平伯赴美国考察时在杭州合影。
右起：俞平伯、朱自清、叶圣陶、许昂若。

7. 你的文学梦

文学梦，寄托着你的志愿
也滋养了你儒雅的心田
激励你自由地创作
在文艺的阵地坚守着每一天

"文学研究会"的成立
是新文学史上的一大事件
"为人生而艺术"的主张呀
引领你积极地投入其间

《小说月报》上展现你的才华[9]
《文学旬刊》你参与了责编[10]
文学研究会的两种"丛刊"
都留下了，创作与翻译的机缘[11]

中国新诗坛上第一份杂志
不会忘记《诗》月刊的创建
当初，每一首轻盈的小诗
全是年轻人激情的涌现

"创刊号"上有你的新作
日后的名家依次出现
虽然只发行了七期
谁都记住了你无私的奉献

"晨光社"的每一次相聚 [12]
离不开周末西湖的悠闲
饮香茗，观摩彼此的习作
你总是耐心热情地指点

《我们的七月》，热切无比
《我们的六月》，美文连篇 [13]
它们留下了你的踪迹
一起回味昔日那美妙的瞬间

8. 毁灭的心绪

和煦的春风吹遍了中华
却遇上革命低潮时的感伤
文坛呈现出一片叹息
全是"油纸伞"飘零在"雨巷"

年轻的朱自清啊
你在暮色中练就了思想
哪里走，哪里走呀
你在探寻明天的远方

夏日的热浪袭遍江南
西湖烟水一片渺茫
"毁灭"的心绪缠绕着你
于是，你构思了经典的诗章

你回顾了往日的情愫
也思量诱惑的力量
你探索知识界的命运啊
思考人生那不确定的走向

你说，你不再仰眼望青天
也不再低头看白洋
只谨慎自己的双双脚步
你要一步步啊踏在泥土上

思想斗争的直白剖析
那是"现代人"懊恼的疯狂
因为无畏而勇敢啊
你找到先前自己的航向

"丢去玄言，专崇实际"
你的力作早已名声飞扬
无论是诗的意境，诗的技巧
都没有辜负文学家的担当

9.桨声灯影诗悠悠

秦淮河，泛起那历史的沧桑
也承载了无数文人的遐想
千百年来动情的传说
在蔷薇色的历史滋味中晃荡

夕阳已去，皎月方来
你与平伯相约，一起去分享
于桨声灯影中静静地聆听
那时代的风雨和内心的惆怅

暮霭，烟波，连着明漪
目视船夫悠然地划桨
缠绵的笛韵，纵横的画舫
好一派妩媚静谧的景象

带着"淡淡的喜悦"
借着这无边新生的清凉
你心中的秦淮河啊
有如诗如画的风韵与气场

然而，寂寥的胡琴声
还有那圆润喉咙的迷茫
周围的所有，终将失去颜色
你们的灵魂跟道德在碰撞

你想躲入河房中，丢下烦恼
可怅然的心绪还在荡漾
缠绕着，你对尘世快意的追求
连同那读书人的苦闷与彷徨

于是，你缜密漂亮的笔墨
还有那细腻婉曲的文章
全成了——"白话美术文的模范"
这是对你创作最恰当的褒奖

10. 西湖之畔

你一生坚守在清静的教坛
缘起于美丽的西湖之畔
天竺，灵隐，玉皇山
这些名胜，都让你流连忘返

你以"小先生"的姿态[14]
与"大学生"交流人生的辗转
你不忘校友的热心指点
与同辈们商讨写作，参加论坛

最早受到新思潮洗礼的学校
是你们的杭州第一师范
无论是习作，还是少年文学社
都有你热心的指导与示范

在你的眼中，"孩子"的作品
带着清新和缠绵的赞叹
无论是《蕙的风》
还是刚走向成熟的《湖畔》[15]

你翻译泰戈尔的诗作
你描摹湖光山水的梦幻
这时期，你的一系列创作啊
都得到茅盾先生的点赞

鲁迅和刘大白的足迹
也是因缘这美丽的西子湖畔
你留下多少诗一般的回忆
还有，含蓄温情的"文艺范"

感受尝试者那浪漫的童心
在曙光与水面的薄雾里翻转
因夫人钟谦性情的娴静呀
因长女采芷降生的温暖

11. 白马湖的深情

白马湖，一片清凉的世界
水光山色飘向西式建筑的窗前
仅仅一个月的光景
你就爱上她的宁静与幽远

在最美的黄昏时节
在满庭花海的丏翁宅间[16]
你们品尝待客的美味
字画的隽永和古瓷的圣洁

仿佛，"小杨柳屋"顶的星光
仿佛，山在湖的唇边
子恺一幅幅幽默的漫画[17]
让你爱不释手，如吮柑甜

虽然，互生君的生命短暂
你对他的勇敢依然直言
称他为——"革命的教育家"
还为他写出了感人的诗篇

谁也不会惬意地想到
那是日后"无言之美"的展现 [18]
你与孟实兄的朝夕相处呀
会成为异国他乡的惦念

秋日，平伯忽然远道来访
让你激动得不知今夕是何年
饮酒，散步，彻夜交谈
还端正在教室里听你讲演

美，真诚，还有闲适
早已定格在你心间
如果不是那无谓的"风潮" [19]
春晖中学，永远都是你的眷念

12. 探求人生的真谛

执教江南，春夏五载芳菲
颠沛流离啊奋勇直追
为了探求那人生的真谛
你绝没有因寂寥而徘徊低回

你的诗文沐浴着最好的见证
内心里藏有那真诚的秀美
从梅雨潭的"绿"到"帘卷海棠红"[20]
在清新与朦胧中细细地描绘

你的"送韩伯画往俄国"
偷走宇宙的蜜意淡妆你的浓眉
你仰慕久远的"火把"
赞美远方啊，那流溢的柔媚

你谴责"小仓中的文明"
誓将那不合理的现象摧毁
你在"笑的历史"中
声讨旧式家庭对人性的犯罪[21]

你鼓励学生们多写白话文
由"窗外""书的自叙"写体会[22]
在当时文言盛行的时代
这是在思想观念上倡导回归

你听流水滔滔不绝的声调
大有高山仰止之余味
"海阔天空"与"古今中外"[23]
有你的心声，胸襟与梦回

你把多愁的星空悠然点燃
你把"匆匆"时光默默追回
你不辜负自己的青春岁月
定然记住了这无怨无悔

1925 年 8 月，朱自清先生由俞平伯推荐，被清华大学聘任教授，开始从事高等教育。这时的中国，正处于革命的低潮时期，年轻的朱自清苦闷彷徨。他既不愿做革命的『急先锋』，也不愿做时代的『落伍者』。经过一段时间痛苦的思考与抉择，他决定走进书斋，自我独处。这一心绪，在他《那里走》《荷塘月色》等一类作品中表现得最为清晰。他总觉得在大学讲堂，一定要有扎实的功底，应从基础做起。特别是古典诗词的教学与研究，要从『拟作』古诗词开始，一步一个脚印地前行。然而，他所规划的平静的书斋生活并没有持续多久，就因夫人武钟谦女士的病逝而悲伤不已，心情沉重。

1925年，朱自清与友人摄于清华园。左二为朱自清。

13. 怀念南方

人生，该有多少回转场
结束匆匆旅人的飘荡
那年，你来到陌生的清华园
住进环境幽静的古月堂

这儿，绵密的绿树丛
蜿蜒着溪水的流淌
草坪，荷池，葱郁的伞松
别有一番教书人的向往

然而，在那个小饭馆里
你还是惦记你的南方——
那儿，是山乡水乡
那儿，是醉乡梦乡 [24]

你想念娇弱的妻儿
也贮满亲情离别的怅惘
你更想念，南方的挚友啊
还有那白马湖的风光

你注重情义，仰望星宇
友谊是你一生的给养
那飘忽的贝多芬的"月光曲"
在你的眼前悠悠地奏响

品茗的偷闲，饮酒的洒脱
还有赴约时行色的匆忙
书画的鉴赏，诗文的指点
都如记忆的电影在回放

你说，你是大时代的一名小卒
却被钦慕的友人夸奖
你所有的姿态与孤寂呀
都倾注了江南人特有的守望

14.心中的血歌

西方列强对中国的侵犯
早已唤醒普通民众的勇敢
他们纷纷走上街头
为正义的事业，示威呐喊

即使，他们手无寸铁
也不惧反动派刀枪的阻拦
即使，鲜血染红了街巷
心中愤懑仍去拼命地呼喊

这是，民国最黑暗的一天啊
学子的鲜血，染红了同胞的子弹
人们记住三月十八日
发生了震惊中外的惨案

"我们国民有此无脸的政府"
又怎能不叫人痛彻心寒
你震怒啊，死了这么多人
我们究竟该怎么办

你不仅参加了示威游行
还亲历了段祺瑞当局的野蛮
烈火锤炼的《执政府大屠杀记》
留下报告文学的典范[25]

你为"五卅"运动挥毫"血歌"
你为"朝鲜的夜哭"而心酸
你为韦杰三君去默哀
你为何一公君记下了遗憾[26]

这一切，搅扰了你的心绪
给你平静的书斋增添了慌乱
从此，你多了一份踌躇
多了一份人生旅途的暗淡

15.哪里走

在清华园那寂静的图书楼
你站在人生的歧路口
认真地思索啊观望徘徊
轻声叩问：哪里走，哪里走

你鄙弃小资产阶级的文学
要为罗丹的"思想者"分忧
时代的空气紧张而窒息
沉沉的担当，何时能放手

"刹那主义"拯救了一个阶层
它不是为了"私欲"去消愁
那是动荡时代的影子
在知识界意识形态中逗留

于是，你选择了这一信念
不再关注时局的风流
你宁愿淡漠一生的平凡
只为迁就自己内心的追求

如水一般静静的月色啊
撒在诗人寂寥的心头
你人生所有的决绝
都将在今夜潇洒地挥手

那荷塘月色的清新境界
是你"独处"的艺术解构
你那淡淡的喜悦之中
蕴满了诗一般淡淡的哀愁

如今，你想找个理由回避
从此遁入书斋中研修
享受自己的一片星空呀
只在国学的天地间自由行走

16. 诗课的启示

清华园，有崇尚经典的传统
每位学人都铭记心中
他们孜孜不倦地研习
为的是继承先行者的遗风

于是，你一步一个脚印
从"拟作"古典诗词开始用功
这是笨鸟先飞的"诗课"
却牵动了汉魏六朝的恢宏[27]

你突破课堂上的旧格局
探讨中国古典诗词的真容
知识广博，鉴赏细密
流溢着真情真景真性的传诵

"大一国文"与"李杜诗"
你教授得娴熟而从容
更有那"古今诗选"课
引起了学生的兴味与称颂

你讲课,从未想到"偷懒"
神情总是难以放松
你学者的风范与品性
愿将教学与学术紧紧拉拢

你看,"五四"后十年间的魅力
各类题材的作品郁郁葱葱
你的"中国新文学研究"呀[28]
及时总结了创作的风格与繁荣

此时,你躲进安静的书斋
盘桓在那文字文学文化之中
然而,你汲取东西方文艺的滋养
从来不愿意故步自封

17. 怀念亡妻

壮年，生活刚刚安逸
却遭受人生最痛苦的一击
你深爱的钟谦啊，离你而去
从此，天涯茫茫与她分离

带着无限的眷念抛下儿女
把所有悲痛啊留给了你
如今，在这纷繁的尘世间
有几人能真正解读你的心意

你于晚霞温存的傍晚
漫步在从前"西院"的窗底[29]
难以平复的心绪呀
随那月色凄苦而迷离

你摊开那沉甸甸的稿纸
总看见她微弱的笑意
抑制不住伤感的泪水啊
用书信体，写下至文给亡妻

她为你，典当了陪嫁的手镯
只为将你读书的学费凑齐
她为你，即使逃难荒郊
也不愿意将你的书籍丢弃

她随你，漂泊到江浙各处
任劳任怨啊从不斗气
她随你，一路北上到清华
与你的世界形影相依

这是，你对已逝生活的咀嚼
这是，你对过往温情的寻觅
映现出的还是你的怀念
与那无限苦寂的深切情意

18. 意在表现自己

你洋溢着诗人天真的情怀
从不忘在文学中真诚地表白
你倡导"意在表现自己"[30]
那才是，你正直的品性与心态

你反思诗歌散文化的倾向
将爱慕融于生活的期待
"于人们忽略的地方加倍描写"
读者才有惊诧的意外

《背影》集，如一鸣惊人的云雀
它展示了你的迷人风采
空谷回音，激起强烈的反响
那是遵循了"写实主义"的流派

风华，幽默，腴厚
从朴素、忠厚与平淡中来
那纯正朴实的新鲜作风
唯有心旌摇荡的撩人姿态

你将"自己"撒在天下
语言像"谈话风"一般精彩
这是怎样的境地呀
却是你，散文创作的襟怀

你爱在校园小路上漫步赏花
你为繁华老干的树木回拜
你爱池边临风婀娜的"六月雪"
你为贴梗如珠的紫荆抒怀

你对他人作品的真诚评价
正是你美学思想的表白
你是书写散文的大师
沐浴着新文学那新美的神采

第四章

漫游欧洲

按照清华大学工作条例规定，教授每七年休假一年，可以出国休养。1931年8月至1932年7月，朱自清获得了公费出国游历的机会。他决定远涉重洋，赴英访学，学习语言学及英国文学。在这期间，他一边与已订婚的陈竹隐女士两地传书，彼此增进情感，交流思想；一边关注着国内『九·一八』事变及时局的变化，为国事感到无能为力，忧心忡忡。

他还利用回国前两个月的时间，与友人一起，漫游欧洲五国，先后游览了巴黎、柏林、莱茵河、威尼斯、罗马等地，回国后，他将访学和游览的经历，写成两部散文集《伦敦杂记》和《欧游杂记》，在文坛上产生了很大的影响。

1932年,朱自清与外国友人摄于伦敦。

19.西伯利亚的夏日

清凉的北平，天刚放晴
汽笛一声划过凌晨的寂静
友人们送你登上火车
从此，开始了难忘的旅欧之行

文人，有自己的送别方式
将亲和的笑意凝成诗情
清华大学的例行休假
在西行挥手中惬意地施行

你瞧，西伯利亚的清远夏日
荒凉，青绿，一望无垠
那牛毛细雨中的小木屋呀
微微发亮，似郊野的和谐之音

落日浸润了苍茫的平原
放眼窗外无穷无尽
那是，油画般的魅力
那是，晚霞金色酿造的纯音

夜幕降临，车过贝加尔湖
你目视着天边点点繁星
曾经，流放在湖畔牧羊的苏武
该有多么凄凉悲壮的神情

在欧亚两洲的交界处
分明是中国画中特有的意境
绵延的峰峦，悠然的河水
像一曲曲流动的风情

深夜，安静的莫斯科城
让你失去想象的心境
于是，在这寂寥兴奋的车厢里
你开始构思《西行通讯》[31]

20. 徜徉于艺术的殿堂

盛夏，你在茫然中徜徉
逐渐形成了访学前的思想
你要全面地考察伦敦
乃至，整个欧洲——文化故乡

为了追寻历史的步履
你从容地踏上雾都的街巷
把诗人最热切的目光啊
全部投向艺术的殿堂

白金汉宫，伦敦大桥
那城市的建筑群，绝妙无双
远远望去弥漫着中世纪的静穆
都是他乡那高贵的模样

舒卷着历史神秘的展览馆
每一处都勾起文人深切的向往
维多利亚美术馆的富丽
还有，不列颠博物院的收藏

你潜心地研究西方的艺术史
也爱上了伦敦的音乐剧场
你记得，吉尔伯特的轻快
还记得，瑟利文的开朗[32]

莎翁啊，最是英国人的骄傲
你赶上新戏院落成的繁忙
与友人看了三天的剧目
享受那城市的宁静与激扬

你惦记所有的文艺场所
还有艺术家的爱恋与梦想
你让这旅行间的感悟
飞落在游记中深情地吟唱

21. 泰晤士河的友情

伦敦，泰晤士河畔传来新闻
撞击了你焦虑的灵魂
对国事的忧心忡忡
寻觅"文化救世"的梦痕

你为，朱光潜的新著写序言
引领读者由艺术思考人生
你为，李健吾的剧本作前叙
赞誉年轻人的才华与清纯

你遇到英国的别样游行
深感外国人对政治的热诚
你在地下室聆听激扬的朗诵
那态度的专一，格外天真

你与柳无忌夫妇邂逅相遇
喜上眉梢，让你兴奋
从前那段师生的情谊呀
给你的旅途增添了新的缘分

寂静的柏林西郊，你遇见
冯至这位年轻而勤奋的诗人
你们畅谈国内的创作
观看歌剧"莱茵金"的人生

暮春，你遇上的房东太太
是那样的和蔼与诚恳
她同情中国的革命与人民
与你们紧紧拥抱，传递坚韧

你惦记着远方的竹隐啊
于匆忙的旅行之中默默涵忍
她是你新订婚的妻子
你希望"两地书"中鸿雁传声

22.巴黎的风采

你爱在旅行中询问交谈
常将这美好的奢望留于笔端
两个月，游览了五个国家
每到一处都有友人相伴

巴黎，是一座艺术的殿堂
塞纳河将闹区分为两岸
公园，大街，展览地
处处散发着高雅艺人的风范

凯旋门，巍峨自豪地矗立着
远望像悬挂在半天的云帆
拿破仑一生的伟业呀
全在这磅礴的建筑中震撼

卢森堡花园是美丽的仙苑
这里的传说有爱的凄婉
绿树成行，浓荫满地
白石雕像于喷泉之中坦然

高昂雄伟的艾菲尔铁塔呀
它以设计者的名字向天空舒展
百年风雨，巍然屹立
要把全巴黎的风流尽情遍览

这儿的博物院甲于天下
每一处，都让你流连忘返
"蒙娜丽莎"有"永恒的微笑"
罗丹的雕塑正职守着动感

歌剧院，国葬院，养老院
贪恋的游客们不厌其烦
更有巴黎那璀璨的夜色啊
留在记忆中慢慢地回转

23.威尼斯的神往

威尼斯，一个别致的地方
它让你想起江南的水乡
这儿摇晃的小巷大街
在石桥与行船的波光中荡漾

运河，连接着海中的城
到处都充满着诱惑的繁忙
团花簇锦似的夜色
缠绵在美丽的意大利半岛上

金色温和的日光中
透明，干净，连着梦乡
在亚德利亚海堤边
在圣马克方场的钟楼上

于是，你眺望在长廊前
瞧那华丽庄严的地方
河道两边古老的建筑群啊
好一派庄重肃穆的景象

这里的教堂，妙笔生花
壁画闪烁着富丽堂皇
你看，那灿艳典雅的大理石
在拜伦诗句中袅袅飞扬

抒情小曲伴随着"刚朵拉"[33]
在邻家女孩的窗下幽幽吟唱
还有，沿河公园的艺术展
还有，各地名产多姿的品相

威尼斯，那惊异的风貌
令你写下流连神往的华章
借问何以传颂这一魅力
全靠那"国文"教材的力量[34]

24.走马观花看欧洲

旅行，可以细细地体察
也不妨随性"走马观花"
在余下几个星期里
你游览了瑞士、荷兰与罗马

瑞士，有欧洲公园的享誉
满眼都是天然的风华
那宛若"西方小姑娘的眼睛"
便是那淡蓝湖水的幽雅

荷兰的初夏，有新秋的模样
火车在蜿蜒的道上穿插
淡淡的天色，寂寂的田野
有轻灵的小屋飞逝于车窗旁

意大利半岛的滂卑古城
被那火山灰活活地埋在岛下
建筑，壁画，雕刻
都是这儿最灿烂的文化

莱茵河发源于阿尔卑斯山
穿过德国东部的繁华
沿途那"斑斑驳驳的堡垒"
丢下多少英雄的佳话

你看，佛罗伦萨的大教堂
还有钟楼上高耸入云的迷惘
那富丽堂皇的建筑啊
留下了几个世纪的张扬

在柏林干净的街道
在罗马大帝国的都城下
有的是，静穆的诗情
全记在《欧游杂记》的书稿上

第五章
论学清华

1932 年 7 月，朱自清先生结束了旅欧访学，由威尼斯启程回国。8 月到达上海后，随即与陈竹隐女士完婚。回到清华园，朱自清立即投入到紧张的行政事务和教学研究工作中。他做事兢兢业业，一丝不苟。他还开辟了新的研究领域，『陶诗』『李贺诗』『中国文学批评』等，朱自清都投入了大量的时间和精力，进入到『论学清华』的人生阶段。这时的中国，也是多事之秋。日本帝国主义继对东北三省的侵占之后，对华北及全中国虎视眈眈，野心勃勃。『西安事变』的爆发，『卢沟桥事变』的发生，激起全中国人民的抗日情绪。大学校园，最终也难成一片净土。

1933年，朱自清与陈竹隐摄于清华园。

25.返回祖国

从意大利港口布林迪西
你挽着海风的晨寂
登上拉索伯爵号邮轮
开始了，返回祖国的惬意

沿途与友人的"联句"[35]
全是对故园的眷恋与痛惜
你还藏有内心的情缘
给她描绘旅行中的见闻和惊喜

这个她呀，就是陈竹隐女士
你们的爱恋也算一段传奇
从相识，相知，到相爱
全靠亚欧间"两地书"的邮递

她的工笔画受师于白石老人
又随熙元师把昆曲演习[36]
她敬佩你的人品与才华呀
不在乎刚见面时你的"土气"

在上海举行开明的婚礼
宾客突显了文艺界的友谊[37]
杏花楼粤菜的喜宴上
在老友面前，你酒醉失忆

你俩乘舟去普陀岛上度蜜月
相伴相爱，彼此相依
为了安静地思考与写作
你们夫妇，住进小寺院里

在六朝古都的南京城
你还主持了四妹的结婚典礼
还有，那么多的约稿讲演
你殚精竭虑，从不敷衍回避

26.意气风发的学术研究

旅行，是刷新心灵的清凉剂
你经历了一次遥远的洗礼
从此，在学术研究中
显得意气风发，神采奕奕

以新观点叩开旧文学的大门
你探究陶潜年谱中的难题
这是你考证的处女作
它让你自此与典籍相依

你欣赏李贺诗的"辞尚奇诡"
那忧伤的情绪流露无疑
多少才华留不住他的青春
你的感慨在诗评中徜徉流离

课堂上，歌谣的探索与开讲
是你多年的努力和希冀
油印本到铅字版仍未完稿
留给世人无限的期许

还有，中国文学批评史
是你潜心攻克的长远课题
与黄节师商讨清商曲书
述说"诗文评"的流别与分期

你邀请鲁迅来清华园讲演
你主导文学报刊的编辑
你在"闻朱"共事论学中
建立了，彼此的信任和友谊

你的勤奋是清华园的楷模
你还出任了系主任代理
在行政和学业的双肩挑中
你从不肯懈怠，不愿偏激

27. 春的魅力

春之创作，你那样的从容
在不经意中引起了轰动
几十年教材更改了几多回
《春》，仍摇曳在语文的小苑中[38]

你盼望啊，春之来临
犹如盼望一种久别的重逢
春草，春花，春雨连着春风
引领人们把青春赞颂

春之魅力，在巍峨的长城
烂漫的山花映衬着苍穹
你执手新婚的爱情
把愉悦的笑声，撒落在林丛

你俩喜爱潭柘寺的墨竹
野餐，游园，连着观天工
还有，戒坛寺的空旷
还有，卧龙松与抱塔松的峥嵘

春之新颖，在大觉寺的杏花
骑上驴儿感受路途的困窘
与鹤寿、平伯的游览
回来只记起玉兰花的性浓

西山松堂游玩的前夜
雷雨大作让你们怅然远空
谁料，树木带着宿雨
牧歌的情趣随月色而葱茏

春之鉴赏，在画展上弘扬
那是张大千多年的追崇[39]
不一样的山川景秀啊
连接着不一般的春之昌荣

28. 国文教师的情缘

你常与怀旧的情缘相伴
牵引美妙的思绪，任性舒展
难忘国文教员的虔敬
只因那，秀美多情的江南

圣陶君盛赞你文章特有的风味
那是现代经典教程的模范
你多年的勤奋探胜，才有这
口语的韵味，白话的自然

你对，茅盾的创作格外关注
你对，中国书法有独到的称赞
不仅仅是你中和的哲学
也是你心底呀孕育的审美观

你区分"创作""写作"的异同
只为中学生游记文体的指南
阅读是领悟新知的积累
抒写，才是心灵默默的呼唤

你强调，国文的"教"与"学"
语言文字便有了奇妙的梦幻
思想的外化，情感的载体
在乐意接受中领略那百读不烦

抄录，熟读，拟作名篇
一步一步培养起欣赏的习惯
你以"诗课"作为训练的目标
你以言教启发学生的灵感

你把"中等"与"高等"课堂
看成一个整体去制订教案
让语文训练和文化传承
两者成为，相互融合的样板

29. 新诗的希望

新诗，是新时代嘹亮的号角
澎湃的激情扬起你的心潮
你执手——"践行"和"思索"
让你，有无比的自信与骄傲

《中国新文学大系》之《诗集》[40]
编撰的过程啊，你付出了辛劳
你真诚地拜访学界学者
为的是完成这一工程而自豪

落英缤纷的诗之现象
在你的眼前安然地飘摇
你用你独到的目光
请它们逐一归入艺苑的怀抱

赴朱光潜宅参加原创朗诵会
每月一回把文学艺术探讨
未名湖畔与清华园内
都采用口语体呀去诵读"诗抄"

你力推，新诗的欣赏与解说
指出它的含义能够通晓
你以最鲜活的事例来示范
只要细心推敲，皆能意会明了

你日后出版的评论专著
从理论上，明晰了你的倡导
多年的心血与耕耘啊
随风笛的演奏美丽而妖娆

你看到，北国都城的天空
正洋溢着青春的欢笑
你看到，新诗未来的希望
更能体验那时代的激情在燃烧

30.国事悠悠紧锁眉

热河事变，凸显了日本的野心 [41]
兵不血刃便开进了市井
蒋介石有不可推卸的责任
闻一多们，发出抵抗的声音

慰问绥远将士的获胜
是全国军民发自内心的欢庆
红格尔图战斗的场面 [42]
让沉闷的北平沸腾欢欣

你赠言，寄希望莘莘学子
在这多难之期应该挺身前行
做好自己的职务和工作
为救国，决不可躲避安宁

"维我中华歌"，是你的大作 [43]
人们记得太和殿合唱的情形
歌声回荡在北平的上空
激荡在市民们敞亮的胸襟

西安事变是国共合作的序曲
张杨二位将军雷厉风行
只是你当年认识有限
还说事出意外，渤海震惊

你看，王志之的仓皇投宿 [44]
是你对正义革命的同情
沉睡的河湾，山峰，土坡
有中国军人抗击的血性

北平沦陷的那一日
你正与同事们，辗转南行
这是多么艰辛的旅途呀
在你生命中落下一串串脚印

第六章 春城岁月

1937年7月，『卢沟桥事变』爆发，日本帝国主义对中国发动大规模侵略，中日战争全面开始。朱自清先生几经周转，赶到长沙，主持由国立清华大学、国立北京大学、私立南开大学三校联合组成的『长沙临时大学』中文系等工作。由于抗战形势的急剧变化，临时大学历经艰险，长途跋涉，迁往昆明，后更名为『西南联合大学』。在物质极其匮乏的艰苦条件下，一批知识分子，意志坚定，克服困难，努力工作，为日后的中国培养了一大批尖端人才。这就是被学术界称赞的『西南联大现象』。在此期间，朱自清无畏劳苦，认真教学，潜心『宋诗研究』『歌谣研究』『文辞研究』等，心中对未来充满必胜的信念。

　　1944年，在昆明大普吉镇合影。左起：朱自清、罗庸、罗常培、闻一多、王力。

31. 远处的炮声

卢沟桥的烽火，激发起
全中国人的奋起反抗
从此，伟大的民族抗日战争
在广袤的大地上全面打响

远方，传来隆隆的炮声
清华园内一片匆忙
学者们已渐渐意识到
这是个人无法控制的悲怆

在海湾颠簸的船舱里
你沉默地等待风雨中的夜航
青岛，徐州，济南府
一路上也无心欣赏风光

汉江之畔你遇到了三弟国华
真是劫后相遇，满泪盈眶
一幕幕往事啊百感交集
小聚后，你激动地赋诗吟唱

星城长沙，组建了临时大学
昭示那清华、北大、南开的坚强
你受聘学校教授会主席
还为主持中文系系务而奔忙

秋日的南岳，细雨濛濛
喝茶，闲聊，指点地图的方向
教授们在用自己的方式
关注世界局势与中国战场

虽然，只是临时"避难"
却让世人看到中国学府的倔强
这迁徙以来特有的学术氛围
可比任何时候都要显亮

32. 南行路上

南京沦陷，战局间不容发
威胁着武汉也危及长沙
为保存中华教育精英
国民政府决定，长沙分校南下

一路，数易舟车呀沿路前行
直向云南腹地蜿蜒进发
一路，跋山涉水呀艰难徒步
那是湘黔滇旅行团的风华[45]

你看——油纸伞，绿制服，扎绑腿
闻一多们浩浩荡荡从湘江出发
这是中国教育史上的长征
给三千里的大西南留下佳话

桂林，这座两千余年的古城
被誉为"山水甲天下"
她超越了"喀斯特"地貌
风景秀逸中，留下你的记挂

漓江，清丽的世外桃源
两岸奇峰竞秀，千姿似霞
上水船，穹苍画，祈年赛神[46]
你在描绘风俗中关注国家

昆明城，四季温暖如春
有多少闲适在"战事"中消亡
你在太华寺中想念亲人
你在想念中观望杏花和兰花

一路南行，一路思想
你将中国教育寄予"西南联大"
一路珍惜，一路诗情
你将面临一段艰苦的生涯

33. 蒙自的怀念

在高原明珠——滇池的南方
在珠江与红河分水岭两旁
蒙自，这个西南边陲小镇啊
曾是南迁学府分校的驻场

不消几趟就走熟的街道
有民风的淳朴和善良
你看南湖，崧岛，军山
是那样的静谧与安详

你独自居住一间小屋
"宋诗"成为你研读的方向
鲜花繁茂，枝藤缠绕
推窗便可欣赏南国的风光

你为《西南采风录》作序 [47]
你为中文系课程的安排设想
你为"南湖诗社"的导师
你为编辑《抗战文艺》而奔忙

师生们苦中有乐，不忘国家
利用标语，广播和演讲
再看那四乡团聚的"火把节"
是光，是热，是力量

五个多月的艰苦生活啊
萦绕你的，是沉着的思量
连同杂果酒的清淡
还有，家人团聚欢悦的分享

"不负所学，完成大业"
是你寄予这届学生的热切希望
你高举着礼帽送行的影子
在小站远空中，久久地摇荡

34. 初到春城

五月，西南联大组建在昆明
百亩占地于三分寺附近
茅草为顶，泥土为墙
留下校园里一道特有的"风景"

校址，校训，校歌
是一所大学成长的纲领
"壮哉，多难殷忧国运
待驱除仇寇，还我燕京"[48]

在那个艰苦的年代
你仍然坚守你的教学阵营
不忘兢兢业业地工作
即使生病，对学生也不失信

诗词，仍旧是你探究的长项
在唐风与宋韵比较中进行
让几十年后的学生啊
豁然明白你的良苦用心

你是新文学的积极倡导者
敢于同守旧者抗衡较劲
你极力鼓励青年运用白话文啊
并且，愿意身体力行

你热爱祖国的一山一水
三日的春假走进石林
观群峰，乘滑竿，吃野餐
短暂宁静中仍然洋溢着诗兴

初到春城，物价飞涨
它给你的生活带来了烦心
卖掉唯一的奢侈品吧
只为成都探亲，得以成行 [49]

35. 艰苦年代的文化人

有时，在炮火中征途
文化成了一种精神的付出
它是内在的原动力
激励学者们，永不服输

文化人，格外关心
抗战文学的质量与基础
文化人，也格外向往
他们彼此间的宽慰和倾诉

多少次，你在日记中反省
未能集中精力于学术
每日里访友问友，宴会茶会
你惊讶这严重的"习俗"

依你特长开设了"文辞研究"
学生虽少，仍将深厚的功底展露[50]
你极力推崇《鲁迅选集》
把它作为大学生的课外读物

你担任《今日评论》之编辑
发表剧评鼓舞新作演出
你给暑期讲习班授课
盛赞抗战文艺，正如火如荼

你关注，联大新生的趣向
激励他们呀走好新文艺之路
你倡导"外乡"的文化人
与"本地"文化人的协同相助[51]

你看，多么简陋的大学
却有那么多人在"发愤著书"
你看，"联大现象"的奇特
让每一个中国人深深地叹服

36. 这一天

在那烽火弥漫的年代
中国军人表现出英勇的风采
台儿庄大捷，平型关战役
他们的事迹感染了民族的情怀

敌机的轰炸，学生的罹难
日军横行激起中国人的愤慨
驱除仇寇，还我河山
联大师生员工们心潮澎湃

中华全国文艺界抗敌协会
在陪都重庆隆重召开
你被选为理事会的理事
誓用手中笔捍卫国家的未来

曹禺亲自执导的《原野》
盛况空前，轰动春城的舞台
在那最艰苦的时刻
成为社会的时尚和期待

你们纪念"五四"青年节
明白了，生活与政治分不开
资料匮乏，居住简陋
并没有影响你昂扬的心态

在抗战两周年的集会现场
每位青年都热血满怀
你以火热的激情书写《这一天》
"东亚病夫"的老调早已抛开

"我们不但有光荣的古国
我们还有光荣的现代
睡狮果然醒了，新中国
在血火中成长起来"[52]

第七章

学术成都

1941 年 7 月至 1942 年 8 月，朱自清先生迎来了他的第二个七年休假。当时，正值『抗战』时期，昆明物质匮乏，物价飞涨。朱自清决定回到成都，与家人团聚，并在成都开展他的学术研究工作。朱自清的研究领域非常开阔，但侧重于中国文学史、中国文学批评史和中国诗论方面。同时，他还关注着新诗的创作与发展，尤其是『抗战』时期新诗的进步。

他先后完成了《经典常谈》《古诗十九首释》《中国歌谣》《诗言志辨》《精读与略读》《新诗杂话》等多部学术著作。

虽说，这些专著不都在成都最终完稿，但朱自清这一年远离系务，静心思考，系统研究，成绩斐然。可以真正称得上是『学术成都』年。

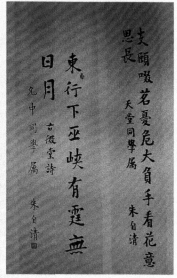

　　1940年5月，朱自清让夫人携子回陈竹隐的故乡成都居住，租住了宋公桥报恩寺后院三间茅草屋（今毁）。朱自清一人留居昆明。图为1946年，朱自清与夫人、子女及亲友在成都合影。后排左三为朱自清，左四为陈竹隐；前排左起：朱乔森、朱思愈、幼女朱蓉隽。

37. 经典常谈

成都，有"天府之国"的美誉
历朝都留下名人的行居
你把家安在报恩寺旁
那是匆忙租借的读书之寓

这一年，你又一次例行休假
开启了学术著述之创举
《经典常谈》，一部丰厚的著作
像一只航船引导读者的意趣

相传，从仓颉造字以来
文字起源便有了机遇
造字与用字形成规范条例
《说文解字》成了古典的工具

《周易》，乃中国文化之源
《尚书》，是最古老的记言依据
还有诗之"三百篇"呀
领我们去享受那"采风"之娱

《春秋》《诸子》《左传》
尽情游览这无数条深厚的河渠
更有那《史记》和《汉书》
囊括乾坤呀，它们同工异曲

辞赋诗文，源远流长
那是灿若星际的不朽名句
在历史的长河中畅游吧
传承鉴赏，称扬赞誉

别看，这三间简陋的小屋
那是思绪畅达的起居
让文化训练这古老的门径
从此，牵动着经史子集的身躯

38.古诗十九首释

"诗歌，是精粹的语言"
它比散文更加清幽致远
只有分析才能透彻的理解
欣赏，是在透彻的理解之先

十九首，是文人最古的五言诗
镌刻着羁旅人的感伤辞篇
"涉江采芙蓉，兰泽多芳草"
暗示，是它生命的机缘

他每每怨朋友不相援引
他渴望，故乡的一轮婵娟
饮酒也罢，咏歌也罢
借助乐府旧调抒写丝丝幽怨

十九首，是经典斐然的五言诗
浸润着思妇心中无言的诗篇
"青青河畔草，郁郁园中柳"
暗喻，在难以驱遣的心中流连

她惦记着离愁别恨的春光
她担心游子情感的沧海桑田
吹箫也可，弹曲也可
谁能解读那胸中的哀怨

然而，这温柔敦厚之作
怨而不怒，是审美的标签
这是昭明太子选诗的准则啊
也是你心仪的经典诗篇

释义，只为引起年轻人的兴味
培养分析的态度与审美洞见
让它依据最淳朴的歌谣
将"古诗十九首"播入心田

39. 中国歌谣

这是一部有格局的著作
独辟蹊径，从荒野中走过
你以丰厚的材料，通乎古今
钩沉史籍啊自铸新说

追根溯源"歌谣"的字义
极不确定，也难偶合
像飘忽于天边的云彩啊
沉淀在脑海中，一篇篇佳作

歌谣，形成于文字之先
口耳相传，心心相托
它定是诗歌生命的源泉
在历史长河中有神奇的传说

最初的歌谣因音乐而著录
文人的润色也留有乐歌
诗经，乐府，曲辞
那是走向成熟的最终承诺

歌谣，用种种的标准去分类
它是那样的淳美而繁多
似如暮色湖边的夕阳
与那晚归的雏儿一起唱和

在那重叠复沓的乐调里
歌谣也有其情投意合
和声，回文，套句
像绚烂翻飞的春日花朵

比兴，乃歌谣之修辞
辞格之风在于心境的把握
只是这专注的研究啊
留给后人多少学术的迷惑

40.诗言志辨

这是考辨古典诗论之源泉
这是探究原初的概念
这是学术界推荐的力作啊
这是你心中久远的宏愿

无论在颠沛流离的他乡
还是从前平静生活的校园
你都在潜心地专研呀
"中国文学批评史"这部诗篇

你说过,西方文化的输入
改变了"史"与"文学"的意念
"诗文评"的地位升格了
人人目视在大雅之堂上呈现

诗言志，是诗论开山的纲领
诗教，在六学中得以溯源
比兴，关乎着知人论世
正变，才是文学史恢宏的贡献

你希望学问家们静下心来
化去一般固有的成见
像汉学家考辨经史子集
它们如何发生，又如何演变

这样，作出了正确的选择
廓清了先前错误的观念
为古典诗论与文论探索啊
作出自己独有的奉献

可是，现实并没有让你如意
你的遗志啊终未兑现
这是，中国学术界的憾事
这是，我们永久残缺的祭奠

41. 精读与略读

在成都，你遇见了叶圣陶
于共同志趣中彼此相邀
短短的一年时光中
饮酒，酬唱，著述书稿

夏日的骄阳，分外明媚
你们一同编撰了《读书指导》[53]
"精读"与"略读"分别举隅
为国文教学树立新的课标

蔡元培丰美的言语录
胡适之选本的细酌精挑
修身，治国，平天下
是那个时代前行的法宝

再看，鲁迅的小说《药》
细致描写革命者的悲哀寂寥
还有柳宗元的宏篇制作
纵论封建得失，圣人舜尧

唐诗三百首，不止是闲适风雅
它是润物无声的精神瑰宝
与唐人每一次浪漫对话
正是那陶冶性情的"诗教"

五律与七律的平平仄仄
如春水涟漪上下飘摇
四声的和谐，典故的暗示
每一位诗人都独具风骚

你俩，在酒楼上眺望白马湖
你俩，在公园观摩彼此的诗稿
你俩，不断注视时局的衍变
你们的胸中啊，贮满了新意与惊涛

42. 新诗杂话

成都的秋日，如痴如醉
郊外的银杏树啊格外秀美
你结识了新的朋友
再一次，引起对新诗的兴味

新诗的进步带来崭新的动向
宽阔的视野似大雁南飞
它们从旧镣铐中奋力挣脱
呈现出，灵妙的现象得以回归

散文化，是新诗的趋势
几多抗战题材等着去描绘
国家的意念，赋予了新的内容
诗人们只关注着解放全人类

野蔷薇，白蝴蝶，黄鹂鸟
所有的感觉都随心相随
诗的哲理，还有那诗的幽默
所有的释放全凭智慧

译诗与歌谣仍在胸中盘桓
在那时代风云的节点上交汇
翻译的启示，文字的解放
这是"真诗"俊美的里程碑

新诗在朗读中呈现风采
自然的音节有自然的妩媚
段的匀称，行的均齐
全都赋予她独特的审美品位

在抗战那个动乱的年代呀
手稿失踪，三年后又意外找回
"舐犊情深"啊，"爱不释手"啊 [54]
从此，才有了这杂话随笔之馈

第八章 风雨中国

1945 年 8 月，中国人民的抗日战争取得了全面胜利。可是不久，人们最担心的物价飞涨、社会动乱就发生了。特别是闻一多先生遇刺，对朱自清先生的思想震撼很大。清华、北大、南开三校结束了颠沛流离的八年生活，按计划向平津迁移。朱自清回到北平，但此时的北平已不是过去的北平，清华园也失去了往日的宁静。朱自清在大规模的『反饥饿、反内战、反迫害』运动的感召下，在民主主义思潮影响下，毅然走出书斋。他在一系列重要『宣言』上签字，并积极参加青年学生运动，以此表明自己的心迹，最终成为很有影响的民主战士。1948 年 8 月，朱自清先生在贫病交加中去世。

　　1948年朱自清与清华大学中文系师生合影。前排左起第一至四人为朱自清、余冠英、李广田、许维遹；二排左起第二人为浦江清。

43. 窘迫的春城

在战火纷飞的岁月中遇见
春城也抱憾窘迫的眼前
"只恐无米炊，万念日旁午"[55]
这是当年，你最真实的感言

为了兼顾科研与教学
你不辞辛苦往返于城乡间
窗内，是你憔悴清瘦的身影
窗外，依然有烂漫的杜鹃

在那《犹贤博弈斋诗钞》中[56]
流露你沉郁的心境与苦言
国难，家累，体弱
不给你喘气，也不让你安闲

吴韫珍教授早逝的刺激[57]
你感慨时少，未知心愿几时实现
整晚的呕水，腹胀，胃疼
这老病的加剧让你常常失眠

那是，昆明最寒冷的冬季
你身着马夫的"毡披风"阔步向前[58]
这在当年的大学校园呀
是绝无仅有的一道风景线

你卖掉砚台、字帖凑足了路费
为的是千里探望家人的脱险
你难忘，刘医师那无私的关怀[59]
几多次将妻儿拉回世间

迁徙的岁月，终有尽头
窘况的境遇仍然困扰眼前
你跟许多教书人一样
期盼，期盼那灿烂清宁的明天

44. 你是一团火

你听——"你是一团火
照彻了深渊
指示着青年
失望中抓住自我"

这是，你搁笔写诗二十年
从热血中流淌出的又一首血歌
多么铿锵有力的呐喊啊
那斗士的身影在眼前掠过

这一刻，他与青年围炉谈诗
聆听鼓的声音气吞山河
这一刻，他激情演讲的声调
回荡在无际的田野与城郭

这一刻，他自若的手稿
那样的悦目又是那样亲和
这一刻，他不担忧挂牌治印[60]
抚慰教授们赤贫的生活

这一刻，他拍案而起
痛斥特务的行径如此龌龊
这一刻啊，闻一多遇刺的消息
让全中国悲愤不已，嗟叹惊愕

闻先生的音容犹在，就这样
牵绕你的痛苦你的学说
你耗费大量的心血啊
去整理挚友梦幻般的遗作

你听——"你是一团火
照见了魔鬼
烧毁了自己
遗烬里爆出新中国"

45. 回到北平

等待，抗战胜利的消息
等待，八年后的家国转机
北大，清华，南开——
时刻预备着，向平津原址迁移

在晚秋的夕阳里，飞机上
你清晰地看到"棋盘林立"
黄色的琉璃瓦点缀绿树的图画
那样的恬静啊那样亲昵

于是，你忘怀了一切
想起老北平的旧友和园地
那日日走过的荷塘
该有另一番新奇的秀丽

这是大伙儿久违的期盼
只是，让你们每一位等着心急
探访，赴宴，回旧居
依然是从前的节拍和礼仪

只是时光的蹉跎啊
不时让你感到岁月的推移
你要不断地勤奋辛劳
才能维持一家人的生计

这座名城，已不是过去的模样
沧桑留给人们痛苦的记忆
你也遇到过惊险的劫夺[61]
你也经历过那生活的磨砺

这晃荡紫藤色的"时代影子"
隐约地让你呀恍惚迷离
茫茫神州，环视南北
你抑制不住那心头飘动的怀疑

46. 走出象牙塔

曾记得，"联大"迎新会上
四次邀请你登堂演讲
你婉言谢绝，莞尔一笑
因为，你有你的心绪和思想

在十教授电文上毅然签字[62]
表明你走出"象牙塔"的立场
从来没有平静的书斋
眼前的乱象让你不敢妄想

还记得昆明"一·二一"惨案
师生们罢课，愤慨忧伤
你未出席死难者的入殓仪式
在家肃穆端坐，反省思量

深深触及你的灵魂——
是胜利后对当局者的失望
为了丢去自私与懦弱
你在日记中默默地自我疗伤

你明白，知识界的灵魂需要洗涤
但改造你们得慢慢分享
你提倡，清华应以实干精神
去服务社会，服务讲堂

于是，你与学生们扭起了秧歌[63]
在诗歌晚会上聆听《黄河大合唱》
你为示威游行者的安危担忧
你铸造了"民主战士"的形象

五月的北平啊，阳光明媚
在苦苦思索中你深情地眺望
和风细雨，花团锦簇
你在贫病交加中坚守顽强

47. 中国文人的气节

仲春，那个平静的晚上
你为清华"通识学社"树榜样
那是个进步的秘密组织
"论气节"是你选定的演讲

你批判了传统的读书人
他们立身处世，但目标渺茫
现代知识分子的气节
才是那敢为敢当的新方向

这期间，北平从未安宁
你为诸多宣言的签字表明立场
——反饥饿，反内战，反迫害
这是国家民族的愿景和希望

两年来，你耗尽全部的心血呀
携同仁为一多的全集而奔忙
搜集遗文，编缀校正
那是你执守战友纯真的信仰

"夕阳无限好，只是近黄昏"
何须消沉，何须惆怅
只将唐人的迟暮诗句，改为
励志的座右铭和生命的气场[64]

你不顾老朋友的情面
也不惧生活的困苦和绝望
断然与那"新路"划清了界限[65]
立起知识分子正直的形象

在你那宽敞的学术研讨中
雅俗共赏是走向人民的立场
这是你的观念与觉醒
是文人的气节在学术中的发扬

48. 塔烟袅袅

盛夏，从一扇敞开的窗门
听见低暗而含混的发声
朱先生，你又病了
这一回不同以往任何时辰

病重了，依然保持着生命的温情
对待来访的朋友一片真诚
脸色苍白，声音微弱
一定要拄着手杖走出房门

凌晨，病情突发送往北大医院
胃溃疡穿孔，使你疼痛难忍
鼻孔中插着许多管子
还弱弱地询问工作是否妥稳

临终，你断断续续地嘱咐
眼中充满了颤抖的泪痕
"我已在拒美声明上签过字
不要去买配售的美国面粉"

在贫病交加中，你合上双眼
缓缓前行的灵车留下几多遗恨
城外广济寺火化的路上
送殡的人群中发出了哭声

在那个荒凉的古寺里
将棺木安置在砖龛中诵焚
塔烟袅袅，飘然上天
一个鲜活的生命就这样消沉

清华大学举行了追悼会
降半旗为你致哀招魂
贴讣告，唱挽歌，致悼词
文坛上啊，失去了一位真正的诗人

尾声　最完美的人格

时光荏苒，生命在飞翔
你已看见新中国诞生的曙光
可是你说，走不动了
你屹立在荷塘月色中远望

你的学识，鸟瞰史迹的大势
像夜空中的星星闪烁光芒
文学美学，音乐绘画
都有你精益的思索与畅享

你的至情，坦白诚挚的天性
犹清澈的泉水在山涧吟唱
是良师，知友，亲人
在飘忽的梦幻中弥漫流芳

你的严谨，于事无巨细之中
似高山大河般视野开朗
爱真理，辨是非，求完美
都是谦谦学者的风范和志向

你的风趣，藏有丰厚的底蕴
就是那高洁的艺术画廊
理论造诣和创作实践
都在读者群中悠然地传诵鉴赏

你的气节，民主斗士的风采
如洁白露珠一样清新透亮
无论富贵，贫贱，威武
都难改变你君子如玉的模样

你具有最完美的人格啊
在中国新文学史上
因而，我深情地为你写下
这一千四百句诗行

朱自清年谱简编

朱自清先生（1898—1948）是20世纪中国现代文学史上著名的诗人、散文大师、学者和教育家，又是一位颇有影响的民主战士。本年谱简编参照以下四种文献编写：（一）浦江清《朱自清先生传略》；（二）季镇淮《朱自清先生年谱》；（三）姜建、吴为公《朱自清年谱》；（四）华言实《朱自清年谱》。同时，参阅其他相关资料。力求简洁明了，主线突出，以助阅读《朱自清诗传》。

1898年（光绪二十四年） 1岁

11月22日，生于江苏省东海县。名自华，号实秋。原籍浙江绍兴。

1901年（光绪二十七年） 4岁

父朱鸿钧赴高邮州邵伯镇为官，朱自清随父母同往。

1902年（光绪二十八年） 5岁

开始由父母启蒙读书。后入镇内一家私塾读书。

1903年（光绪二十九年） 6岁

全家搬到扬州。上私塾，读经籍、古文、诗词等。上初等小学。

1912年（中华民国元年） 15岁

在安徽旅扬公学高等小学读书。高小毕业后，考入扬州两淮中学（后更名为江苏省立第八中学，现扬州中学前身）。

1916年（民国五年） 19岁

江苏省立第八中学毕业。

暑假，考入北京大学预科。

12月15日，遵父母之命，回扬州，与扬州名医武威三的女儿武钟谦举行旧式婚礼。婚后夫妇感情很好。

1917年（民国六年） 20岁

暑假，为尽早分担家庭责任，改名"自清"，字"佩弦"，跳级投考北京大学本科，录取在文科哲学门。课余时间爱读《新青年》杂志。

冬，祖母去世。与父亲办完丧事后，一同北上，父子在南京浦口车站分别。著名散文《背影》，记叙其事。

1918年（民国七年） 21岁

9月30日，长子朱迈先生于扬州。

1919年（民国八年） 22岁

1月1日，北京大学学生编辑的《新潮》杂志创刊。朱自清曾为该社社员之一，并与冯友兰等同学一起参加《新潮》月刊编辑工作。

2月29日，创作新诗《睡吧，小小的人》。从此，他以诗人的姿态跨入文坛。

5月4日，"五四"运动爆发。朱自清与许德珩等参加了示威游行活动。

年底，加入北京大学平民教育讲演团。

1920年（民国九年） 23岁

5月，修满学分，提前一年从北京大学哲学系毕业，获文学士学位。

5月18日，长女朱采芷生于扬州。

暑假后，携夫人武钟谦到杭州第一师范教书，开始了他的中学国文教员的生涯。

11月，中国现代文学史上第一个文学社团——文学研究会正式成立于北京。朱自清是该社团早期会员之一。

1921年（民国十年） 24岁

就聘中国公学国文教员，结识叶圣陶，后一起回到杭州第一师范教书。

1922年（民国十一年） 25岁

1月15日，参与创办中国现代文学史上的第一个诗刊——《诗》月刊，并在创刊号上发表《转眼》《杂诗三首》等四首新诗。

寒假后，应浙江省立第六师范之聘到台州教书。

3月，"湖畔诗社"在杭州成立，随后出版《湖畔》诗集。

6月，和周作人、俞平伯、徐玉诺、郭绍虞、叶绍钧、刘延陵、郑振铎等八人的诗集《雪朝》印行。

12月，完成著名长诗《毁灭》。

1923年（民国十二年） 26岁

寒假后，就聘浙江省立第十中学，担任国文教员。

8月，与俞平伯同游秦淮河，并相约作同名散文《桨声灯影里的秦淮河》，成为现代文学史上一段佳话。

11月8日，二女儿朱狄先生于温州。

1924年（民国十三年） 27岁

4月，完成散文《温州的踪迹》。

暑假后，就聘宁波浙江省立第四中学，担任国文教员。

9月，应夏丏尊之邀，来到风景秀丽的白马湖春晖中学。从此往来宁波与白马湖，在宁波四中与春晖中学任教。

1925年（民国十四年） 28岁

5月9日，作散文《"海阔天空"与"古今中外"》。

5月31日，次子朱闰生生于白马湖。

5月30日，上海发生"五卅"惨案。朱自清后为此作新诗《血歌——为五卅惨剧作》。

6月19日，作散文《白种人——上帝的娇子!》

8月，赴清华大学任教授，开始终身服务于清华大学的生涯。

10月20日，新诗《我的南方》发表。

1926年（民国十五年） 29岁

1月18日，参加"三·一八"游行示威。以愤怒的心情，写《执政府大屠杀记》一文。

4月2日，作散文《哀韦杰三君》。

1927年（民国十六年） 30岁

1月，自白马湖接家人北上，住清华园西院。

4月，"四·一二"反革命政变发生，第一次国内革命战争失败。

7月，作散文《荷塘月色》。

暑假后，朱自清因讲授古典诗词的需要，开始"拟作"古诗词。

1928年（民国十七年） 31岁

1月11日，三女儿朱效武生于北平。

2月，完成了表明心迹的杂文《那里走》。这也是他全面集中表现对当时社会和自我心绪反思的文章。

10月，第一本散文集《背影》出版。它奠定了朱自清作为中国现代文学散文大家的基础。

1929年（民国十八年） 32岁

11月26日，夫人武钟谦病逝于扬州家中，年32岁，遗三子三女。

1930年（民国十九年） 33岁

暑假后，朱自清代理清华中国文学系主任，并在燕京大学兼课。

1931年（民国二十年） 34岁

夏，与陈竹隐女士订婚。陈竹隐，四川成都人，毕业于北平艺术学院。

8月22日，动身赴英国访学。朱自清从这一天起开始写日记（之前有1924年7月28日至1925年3月底日记一册），直至去世前三天，几乎一天未断。

9月，赴英国伦敦，学习语言学及英国文学。后出版散文集《伦敦杂记》，记叙其事。

9月18日，日本帝国主义在沈阳制造"九·一八"事变。

1932年（民国二十一年） 35岁

4月，为朱光潜《谈美》《文艺心理学》两部美学著作分别写序。

5、6月间，开始漫游欧洲五国。先后游览了巴黎、柏林、莱茵河、威尼斯、罗马等地。后出版散文集《欧游杂记》，记叙其事。

7月，朱自清结束了旅欧访学，由威尼斯启程回国。

8月，与陈竹隐女士在上海结婚。

9月，返回清华大学，代理中国文学系主任。开学后，讲授"古今诗选""歌谣""中国新文学研究"三门课程。

10月，作散文《给亡妇》，对亡妻武钟谦的病逝表达了深切的怀念。

1933年（民国二十二年） 36岁

2月，为《初中国文读本》作散文《春》。

8月26日，四子朱乔森生于北平。

9月，正式就任清华大学中国文学系主任。开设新课"陶诗"。

1934年（民国二十三年） 37岁

2月，开设新课"李贺诗"。这之后，朱自清开始对陶渊明、李贺有系统的研究。

4月，作散文集《欧游杂记》自序。

12月，作散文集《你我》自序。

1935年（民国二十四年） 38岁

7月，着手编选《中国新文学大系·诗集》工作。

8月11日，作《中国新文学大系·诗集·导言》。

12月，北平爆发"一二·九"运动。

1936年（民国二十五年） 39岁

暑假后，开设了一门重要课程"中国文学批评"。

12月，"西安事变"爆发，清华大学举行教授会，议决"通电中央请明令讨伐张学良，当场推举起草委员七人"，朱自清被推为召集人。

1937年（民国二十六年） 40岁

7月7日，卢沟桥事变发生，日本帝国主义对中国发动大规模侵略，中日战争全面开始。

8月5日，日军占领清华园，朱自清夫妇准备南下。

9月22日，朱自清只身转辗离开北平。

10月4日，朱自清到达长沙，在"长沙临时大学"主持中文系工作；长沙临时大学由清华、北大、南开三校联合组成。

1938年（民国二十七年） 41岁

3月，"长沙临时大学"迁往昆明，后改为"西南联合大学"。

4月4日，动身去蒙自。

11月，西南联大在极其艰苦的条件下开学。朱自清开设课程"中国文学批评"等。

1939年（民国二十八年） 42岁

寒假，因个人健康原因，辞去联大中文系主任。

4月13日，为刘兆吉的《西南采风录》一书作序。

1940年（民国二十九年） 43岁

1月，拟编辑《国文月刊》。此后，参加全国性的文艺"民族形式"等问题的大讨论。

1941年（民国三十年） 44岁

暑假后，朱自清开始他在清华大学第二个七年休假。

1942年（民国三十一年） 45岁

2月2日，为自己的学术著作《经典常谈》一书写序。这一年，朱自清集中精力，认真思考，对许多文学创作与文学研究作系统的梳理与论述，取得很大成就。

暑假，朱自清结束休假。西南联大根据朱自清的研究特长，开设新课"文辞研究"。

8月，《经典常谈》由国民图书出版社出版。朱自清认为："经典训练的价值不在实用，而在文化。"

1943年（民国三十二年） 46岁

1月，《略读指导举隅》由商务印书馆出版。该书由叶圣陶和朱自清合作编写。

3月，作散文集《伦敦杂记》自序。

暑假后，开设新课"谢灵运诗"。

1944年（民国三十三年） 47岁

暑假后，为解决生活的窘迫，朱自清除在联大授课外，还在私立五华中学兼任国文教员。

12月，为其著作《新诗杂话》《诗言志辨》作序。

1945年（民国三十四年） 48岁

8月15日，日本无条件投降，消息传来，举国欢庆。

12月1日，"一二·一"惨案发生。2日下午，学生举行四烈士装殓仪式。朱自清未往，"但肃穆静坐二小时余，谴责自我之错误不良习惯，悲愤不已"。（日记）

1946年（民国三十五年） 49岁

4月4日，重新就任清华大学中文系主任。

5、6月，北大、清华、南开三所大学开始向平津迁移，结束八年流亡生活。

7月15日，闻一多遇刺于昆明。朱自清极为震惊，极为愤慨。他毅然参加西南联大校友会主办的"闻一多追悼会"。

8月，作新诗《挽一多先生》，在社会上反响很大。

11月，清华大学梅贻琦校长聘请朱自清为整理《闻一多全集》召集人。之后，朱自清为整理《闻一多全集》工作，花费了大量的时间和精力。

1947年（民国三十六年） 50岁

2月，作《文学的标准和尺度》一文。"该文是朱自清多年研究中国文学史和文学批评的一个概括和结晶。"（姜建、吴为公）

回到北平后，朱自清不断参加民主运动，"反饥饿、反内战、反迫害"，与年轻人打成一片。

8月，《诗言志辨》由上海开明书店出版。"它替文学批评史指点出一个正当的路径和一个有成效的方法。"（朱光潜）

11月20日，朱自清五十岁生日，陈竹隐预备庆祝晚会。

1948年（民国三十七年） 51岁

1月23日，写文艺论文集《雅俗共赏·自序》。

6月，在拒绝美援和美国面粉的宣言上签字。"这意味着每月的生活费要减少六百万法币"。（日记）

同年，在多份抗议"宣言"上签字，表明自己作为一个正直的知识分子和勇敢的民主战士的政治态度。

8月，因病去世，享年51岁。

注　释

　　[1] 1898年7月创立的京师大学堂是北京大学的前身。它是中国近代第一所国立大学，其成立标志着中国近代国立高等教育的开端。

　　[2] 据《长向文坛瞻背影：朱自清忆念七十年·前言》（徐强编，广陵书社2018年版）的介绍："朱自清之死，是20世纪中国文坛上的一件大事。它引发了声势浩大、经久不息的追悼、忆念浪潮，回声余响持续至今。"其中一个重要的原因，就是朱自清先生的为人与学问在中国文人中的影响。

　　[3] 朱自清在《我是扬州人》一文中，谈到自己少年的老师时深情地说："还有一位戴子秋先生，也早过世了，我的国文是跟他老人家学着做通了的。"（见《朱自清全集》第4卷第456页）

　　[4] 这一时期，朱自清创作了大量的诗歌，产生了一定的影响。《睡吧，小小的人》《光明》《羊群》《新年》《煤》《小草》等就是其中的代表作。

　　[5] 据朱小涛撰文说，曾祖父小坡公（朱鸿钧）当了十几年的小官吏，深谙官场的黑暗和险恶，他希望儿女们远离官场，饱读诗书并学有所成，于是借苏东坡"腹有诗书气自华"诗句中"自华"两字给儿子起名。所以祖父朱自清的原名叫朱自华。随着年龄的增长，朱自

清觉得光读书是不够的，首先要做人。于是，他改名"白清"，意在勉励自己做一个清正之人。所以改"自华"为"自清"不仅为了跳考本科。

[6] 1919年3月，在蔡元培平民教育思想影响下，北京大学邓中夏、许德珩、康白情等进步学生组织"平民教育讲演团"。他们不辞辛苦，在北京城内和海淀、卢沟桥、丰台、长辛店、通县等地区，向工人农民宣讲时事政治、科学知识和革命道理。年底，朱自清加入讲演团。

[7] 邓中夏（1894—1933），男，汉族，字仲澥，又名邓康，湖南省宜章县人。1917年入北京大学国文门学习。邓中夏后来成为马克思主义理论家，也是工人运动的领袖。在未名湖畔，朱自清与邓中夏建立了深厚的友谊。1924年4月，朱自清曾作诗《赠A.S.》就是呼应邓中夏的诗作的。

[8] 当年在《新潮》杂志上发表了许多关于"恢复女子人格""提倡白话文"等文章，许多内容涉及了"民主革命"，故而，也引起了朱自清的思考。

[9]《小说月报》，文学研究会机关刊物。商务印书馆主办刊行。初由恽铁樵、王莼农主编。1921年1月，该刊从第12卷第1期起由沈雁冰主编，成为倡导"为人生而艺术"的现实主义文学的重要阵地。1922年1月，朱自清与鲁迅、周作人、叶绍钧、冰心等十七人被该刊聘为"本刊特约文稿担任者"，即今之所谓"特约撰稿人"。

[10]《文学旬刊》为《时事新报》副刊。1921年5月10日创刊，先后由郑振铎、谢六逸、叶绍钧、赵景深等人负责编辑。1922年1月，朱自清曾在该刊发表《民众文学谈》，引起俞平伯等文学研究会诸作家的兴趣，该刊辟出专号组织讨论。

[11]《文学研究会丛刊》，为中国出版最早、规模较大的文学丛书。文学研究会编辑，上海商务印书馆出版。《丛刊》包括创作、翻译两部分，共出版125种，其中翻译71种，创作54种。

[12]晨光社，杭高鲁迅文学社前身，浙江最早的新文学团体，后改组为中国最早的新诗团体"湖畔诗社"。朱自清、叶圣陶等曾为该社团指导教师。

[13]《我们的七月》和《我们的六月》分别为俞平伯和朱自清编辑，1924年7月和1925年6月先后出版。朱自清在两种丛刊上发表《温州的踪迹》《"海阔天空"与"古今中外"》等多篇作品。

[14]据魏金枝回忆：当年杭州一师高年级的同学"大的竟有二十七八岁……普通的都是二十里外，这对一个大学新毕业二十二三岁的先生，在外表上确乎是一个威胁，所以一到学生发问，他就不免慌张起来，一面红脸，一面结结巴巴地作答，直要到问题完全解决，才得平舒下来。就为了这缘故，倒弄得同学们再也不敢发问；真的要问，也只好跑到他的房间里去问了"。（《杭州一师时代的朱自清先生》，见《长向文坛瞻背影：朱自清忆念七十年》，广陵书社2018年版第376页）

[15]《蕙的风》，1922年8月由上海亚东图书馆出版，是浙江第一师范学校学生汪静之的第一部新诗集。朱自清为其作序，给予客观评价和热情鼓励。《湖畔》为汪静之、潘漠华、应修人、冯雪峰四位"湖畔诗人"出版的诗歌合集。朱自清作书评《读〈湖畔〉诗集》，从内容与艺术两方面予以充分肯定，他说："《湖畔》里的作品都带着些清新缠绵底风格；少年的气氛充满在这些作品里。"（见《朱自清全集》第四卷第52页、第57页）

[16]夏丏尊（1886—1946），名铸，字勉旃，后改字丏尊，号闷庵。浙江绍兴上虞人。文学家、语文学家、出版家和翻译家。朱自清在白马湖春晖中学教书与夏丏尊先生建立了深厚的友情。

[17]丰子恺（1898—1975），原名润，号子觊，后改字子恺。浙江省嘉兴市桐乡市石门镇人，散文家、画家、文学家、美术与音乐教育家。朱自清与丰子恺先生保持多年的友情，并写有《〈子恺画集〉跋》等文章。丰子恺将他春晖中学的房屋题名"小杨柳屋"。

[18]1932年，朱自清在英国访学期间，曾为朱光潜的《谈美》《文

艺心理学》两部著作分别作序。他在《文艺心理学·序》兀头写道："八年前我有幸读孟实（朱光潜）先生《无言之美》，爱它说理的透彻……现在想不到又有幸读这部《文艺心理学》的原稿，真是缘分。"

[19] 春晖中学一学生早操因戴毡帽，不服管束，师生发生争执。事后校方坚持要处分学生。训育主任等认为不妥，力争无效，愤而辞职。此事激怒学生，举行罢课以示抗议。校方立即开除为首的二十八名学生并宣布提前放假。此举引起教师公愤，集体辞职，奔赴他校。朱自清虽暂未离开，但"甚乏味"。（见《朱自清全集》第十一卷第130页）

[20]《绿》《"月朦胧，鸟朦胧，帘卷海棠红"》为朱自清的散文《温州的踪迹》中的两篇，作于 1924 年。

[21] 这里指朱自清的新诗《送韩伯画往俄国》（1920）、《赠 A.S.》（1924）、《小仓中的文明》（1922）和小说《笑的历史》（1923）。

[22] 据陈天伦回忆："朱先生一上来，就鼓励我们多读多作白话文。"窗外""书的自叙"……是他出的作文题目，并且要我们自由命题"。（《敬悼朱自清师》，见《长向文坛瞻背影：朱自清忆念七十年》，广陵书社 2018 年版第 410 页）

[23] 散文《"海阔天空"与"古今中外"》作于 1925 年，作者认为，对人生要有"海阔天空"与"古今中外"的胸襟与气度。

[24]"那儿，是山乡水乡/那儿，是醉乡梦乡"为朱自清初到清华所作诗歌《我的南方》中的诗句。

[25] 朱自清是"三·一八"大游行的参加者，也是"三·一八"大屠杀的经历者。面对"各报记载多有与事实不符"的情况，他挺身而出，仗义执言，控诉谴责。然而，统观全文，却很少横眉怒目、声色俱厉的感情词语。他好像只是作为一个游行示威的参加者，反反复复地述说着一个平凡的人的不平凡的一天，却具有一种震撼人心的力量。因此，他的《执政府大屠杀记》被称为中国现代文学史上第一篇报告文学。

［26］此处指朱自清先生的四篇诗文：《血歌——为五卅惨剧作》《朝鲜的夜哭》《哀韦杰三君》《悼何一公君》。韦杰三、何一公均为清华学生，在"三·一八"惨案中中弹，先后去世。

［27］因讲授古典诗词的需要，朱自清拜古文学家黄节（晦闻）先生为师，拟作旧诗词。之后将自己的作品编成一个集子，取名《敝帚集》，并在扉页上写道："诗课，谨呈晦闻师教正，学生朱自清。"黄晦闻批曰："逐句换字，自是拟古正格。"

［28］"中国新文学研究"，为朱自清1929年在清华大学开设的一门新课。该课编有讲义"中国新文学研究纲要"三种，后经李广田、王瑶等专家整理，现收入《朱自清全集》第八卷。王瑶说："朱先生的《纲要》可以说是最早用历史总结的态度来系统研究新文学的成果。"（见《朱自清全集》第八卷附录）

［29］1927年1月，朱自清返回白马湖搬家，携妻子武钟谦和其中两个孩子取道北上，住清华园西院。1930年11月，武钟谦回扬州病逝后，朱自清退掉西院，迁至南院。

［30］1928年7月，朱自清作《背影·序》（该文发表时改题为《论现代中国的小品散文》），提出了自己的创作主张："我意在表现自己"。

［31］朱自清的《西行通讯（一）（二）》记录了他前往英国访学途中的见闻，最初发表在《中学生》，后收入《欧游杂记》。（见《朱自清全集》第一卷）

［32］朱自清在《伦敦杂记·序》中谈到当年看伦敦戏时说："其中有关于伦敦的戏的，我特别要记吉尔伯特和瑟利文的轻快而活泼的小歌剧。"（见《朱自清全集》第一卷第378页）

［33］刚朵拉（Gondola），一种长约10来米，宽约1米，两头尖尖翘翘，极具浪漫色彩的小舟。

［34］朱自清的游记《威尼斯》最初发表在《中学生》，后收入《欧游杂记》，见《朱自清全集》第一卷。该文新中国成立前被选为

《国文》教材，新中国成立后又被选为《语文》教材，因而产生了广泛的影响。

〔35〕朱自清在回国途中，与同行者朱偰联句赋诗《归航即景》《长歌威尼斯行》，内容均"表达了对故国的眷念和忧虑"。（姜健、吴为公编：《朱自清年谱》，安徽教育出版社1996年版，第111页）

〔36〕"浦熙元"当为"浦西园"，是陈竹隐女士的昆曲老师。朱自清与陈竹隐相识就是由浦西园等人从中牵线的。

〔37〕陈竹隐在回忆当年与朱自清举行婚礼时说："我们用当时上海最新式的简便方法举行了结婚典礼，事先发个结婚帖子。八月四日那天，请了文艺界的一些人士，我记得有茅盾、叶圣陶、丰子恺等人。"（《追忆朱自清》，见《长向文坛瞻背影：朱自清忆念七十年》，广陵书社2018年版第885页）

〔38〕据学者研究，在多年参与审定教材过程中，"朱自清所写的课文，决不仅此于《春》一篇。"（姜健、吴为公编：《朱自清年谱》，安徽教育出版社1996年版）

〔39〕张大千，四川内江人，1899年5月出生于四川省内江市。中国泼墨画家，书法家。20世纪50年代，张大千游历世界，获得巨大的国际声誉，被西方艺坛赞为"东方之笔"。

〔40〕《中国新文学大系》（共十卷），赵家璧主编，上海良友图书印刷公司出版（1935—1936）。朱自清负责《诗集》编辑。前有《导言》，并附《编选凡例》《编选用诗集及期刊目录》《选诗杂记》和《诗话》。

〔41〕1933年2月21日，日本关东军、伪满军十余万人，以锦州为基地分三路进犯热河。中国守军奋起迎战，热河战事全面展开。此事件在清华园反响强烈。

〔42〕红格尔图战斗是绥远抗战的重要组成部分，也是绥远抗战中第一场爆发的战役。战役从王英率领大汉义军围攻由晋绥军把守的红格尔图开始，到大汉义军被晋绥军击退结束，前后历时八天。

[43]《维我中华歌》为朱自清作。歌词："百余年间，蹙国万里，舆图变色，痛切衷肠。青年人，莫悲伤，卧薪尝胆，努力图自强……"1936年春天，北京市六百余名大中学生联合歌咏团在故宫太和殿前举办露天音乐会，演唱了这首歌曲。

[44]据王志之《忆朱自清先生》（《人民日报》1982年7月12日）记载：1933年，他在"抗日同盟军"战败回到北平，在危机时刻，曾偷偷投宿仅一面之交的朱自清家中。朱自清当时为清华大学文学院院长，不怕承担风险，留宿王志之一晚，表现了他的正义感和爱国心。

[45]长沙临时大学南迁，闻一多等11名教师和244名健壮男生组成"湘黔滇旅行团"步行赴滇。此举在当时影响甚大。

[46]1938年，朱自清随清华南迁，路过桂林阳朔，观村民祭神仪式。《朱自清日记》和《漓江绝句》记其事。

[47]1938年2月19日，清华、北大、南开三校南迁之"湘黔滇旅行团"启程，徒步向昆明进发。闻一多是参加步行团的教授之一。他担任民间歌谣组的指导，亲自指导同行的原南开大学学生刘兆吉沿途搜集民歌民谣，到昆明后整理成《西南采风录》，并亲自为之作序。作为西南联大中文系主任的朱自清先生，为刘兆吉的《西南采风录》一书写了序言，从与闻一多不同的角度，高度评价了刘兆吉的采风成果。

[48]西南联大建校之初，成立了以冯友兰为主席的"编制本大学校歌校训委员会"，朱自清参与了该项工作。

[49]当时，为凑足家人到成都的路费，朱自清把他从英国带给陈竹隐的礼物——留声机和两张唱片，以三百元的价格卖给旧货铺，全家才得以回到蓉城。

[50]据季镇淮回忆，他上朱自清的"文辞研究"课时，班上只有两人听课（另一位是王瑶），但朱自清仍如平常一样讲授，不只从不缺课，而且照样做报告和考试。

[51]1938年12月31日，朱自清与茅盾等许多教授和文艺界朋友，在朱自清家讨论外来文化人与本地文化人的联系团结问题。茅盾在

《从东南海滨到西北高原》一文中记有此事。（见《新文学史料》1984年第2期，人民文学出版社1984年版）

[52] 1939年7月7日，朱自清出席"抗战二周年纪念会"，作散文《这一天》。（见《朱自清全集》第四卷第405页）

[53] 1940年夏天，叶圣陶预先没有征求朱自清的同意，就决定为四川教育科学馆编辑《国文教学丛刊》中两种书《精读指导举隅》和《略读指导举隅》写作任务。没想到朱自清"居然一口答应下来"。

[54] 朱自清在该书目录后的空页上写道："盼望了三年多，担心了三年多，今天总算见到了这本书！辛辛苦苦写出的这些随笔，总算没有丢向东洋大海！真是高兴！一天里翻了足有十来遍，改了一些错字。我不讳言我'爱不释手'……说是'敝帚自珍'也罢，'舐犊情深'也罢，我认了。"

[55] 见朱自清五言诗《近怀示圣陶》中，如实叙写了一己的悲酸："……累迁来锦城，萧然始环堵。索米米如珠，敝衣馀几缕。老父沦陷中，残烛风前舞。儿女七八辈，东西不相睹。众口争嗷嗷，娇婴犹在乳。百物价如狂，距躟孰能主？不忧食无肉，亦有菜园肚。不忧出无车，亦有健步武。只恐无米炊，万念日旁午。况复三间屋，蹙如口鼻聚。有声岂能聋，有影岂能瞽？妇稚逐鸡狗，搅人如网罟。况复地有毛，卑湿丛病蛊。终岁闻呻吟，心裂脑为盬……"（《朱自清全集》第五卷第258—259页）

[56]《犹贤博弈斋诗钞》是朱自清一本旧体诗集，于1946年7月4日编定，并写了序言。作者生前没有出版此书。（见《朱自清全集》第五卷）

[57] 西南联大生物学教授吴韫珍先生在昆明患胃溃疡开刀不治，此事给朱自清刺激很大。

[58] 据访谈朱小涛先生得知，朱自清买的云南马帮马夫披的毡披风为"联大三绝"。

[59] 朱自清《刘云波女医师》有详细记载。（见《朱自清全集》

第四卷第520页）

　　[60]由于当时西南联大教授生活艰苦，教授均设法兼职或从事各种工作以补贴家用。闻一多因擅长金石篆刻，朱自清等多位教授在《闻一多金石润例》上签名，鼓励其挂牌治印。

　　[61]1946年10月19日，朱自清回到北平不久，夫人陈竹隐和两个孩子返回家时，险遭歹徒抢劫。朱自清在《回来杂记》中记有此事。（见《朱自清全集》第三卷）

　　[62]1945年10月17日《民主周刊》第二卷第十二期，发表《国立西南联合大学张奚若等十教授为国共商谈致蒋介石毛泽东电文》。该电文严厉地指责了国民党政府和蒋介石的独裁腐败统治，呼吁建立联合政府等改革措施。这在当时影响甚大。

　　[63]1948年元旦，朱自清参加清华中文系的师生同乐会团拜，与同学们一起扭起了秧歌。素以稳健著称的系主任朱自清却听任学生给他化妆，穿红衣，戴红花，在人群中扭得最认真。

　　[64]据王瑶回忆，朱自清把唐人的诗句"夕阳无限好，只是近黄昏"，改作"但得夕阳无限好，何须惆怅近黄昏"，压在书桌的玻璃板下，作为自己的座右铭。

　　[65]1948年2月24日，答复吴景超不拟加入《新路》，表明自己与中间路线划清界限的立场。陈竹隐的回忆文章中也提到此事。

主要参考文献

1.陈孝全,刘泰隆.朱自清作品欣赏[M].南宁:广西人民出版社,
1981.

2.朱金顺.朱自清研究资料[M].北京:北京师范大学出版社,1981.

3.时萌.闻一多朱自清论[M].上海:上海文艺出版社,1982.

4.杨昌江.朱自清的散文艺术[M].北京:北京出版社,1983.

5.梁寒冰,魏宏运.中国现代史大事记[M].哈尔滨:黑龙江人民出版
社,1984.

6.郭良夫.完美的人格——朱自清的治学和为人[M].北京:生活·读
书·新知三联书店,1987.

7.张守常.最完整的人格——朱自清先生哀念集[M].北京:北京出
版社,1988.

8.朱乔森.朱自清全集(第1—12卷)[M].南京:江苏教育出版社,
1988.

9.陈孝全.朱自清传[M].北京:北京十月文艺出版社,1991.

10.林非.朱自清名作欣赏[M].北京:中国和平出版社,1993.

11.吴周文,张王飞,林道立.朱自清散文艺术论[M].南京:江苏教育
出版社,1994.

12.姜建,吴为公.朱自清年谱[M].合肥:安徽教育出版社,1996.

13.王瑶.中国文学研究现代化进程[M].北京:北京大学出版社,1996.

14.钱理群,温儒敏,吴福辉.中国现代文学三十年(修订本)[M].北京:北京大学出版社,1998.

15.上海古籍出版社.朱自清说诗[M].上海:上海古籍出版社,1998.

16.中国社会科学出版社.朱自清(插图本名人名传丛书)[M].北京:中国社会科学出版社,2003.

17.方大卫.朱自清创作思想研究[M].合肥:安徽大学出版社,2009.

18.徐强.长向文坛瞻背影:朱自清忆念七十年(上下册)[M].扬州:广陵书社,2018.

后叙：我与朱自清研究

金秋之夜，心情舒朗。当我完成了《朱自清诗传》时，我郑重地将打印稿交给夫人汪亚君，请她给我诗稿校对。我每次完成一篇或一部作品时，都是请夫人第一个校对。这不仅因为她是安徽师范大学文学院副教授，也不仅因为她的语言文字功底好，而是一种习惯，一种信任，一种期待！我总觉得，我的作品发表之前，如果不经过她的校对和阅读，我就不放心。因此，夫人每每都是我作品的第一个读者，而且是最忠实最愿讲真话的读者。这次将诗稿交给她时，我说："这是我三年勤奋努力的成果。"夫人却说："这不只是三年，而是三十多年勤奋努力的结果。"知我者，夫人也！她说得一点不错。表面上看，完成这部诗稿，我断断续续是用了三年多时间，但实际上，这是在我发表了十余篇研读朱自清的论文和出版了学术专著《朱自清创作思想研究》的基础上完成的。这前前后后，我确实用了三十余年的时间。

还记得，三十八年前，我在麻姑山下读大学一年级时，一天，我在阅览室看到一套由上海文艺出版社出版的上下两册《中国现代散文》。我便一篇篇读起来，前后读了近一个月的时间。这部散文集，精选了"五四"以来几十位作家的一百余篇作品。它囊括了中国现代散文创作的全貌，其中，朱自清先生的散文入选了七八篇。当我看到《背影》

中"父亲"为"我"买橘子而艰难爬坡的"背影"时，我流下了眼泪。这是我第一次读《背影》，也是我第一次静下心来读朱自清的作品。从此，我便爱上了朱自清，特别是他的早期散文。我越读越有味，越读越感兴趣。在他精粹的审美世界里，我们时时刻刻都能感受到一颗毫无掩饰地"意在表现自己"的真纯的心在跳动。他时而沉浸于"桨声灯影里的秦淮河"与"荷塘月色"之中，让我们体味那朦胧、静谧中幽美的诗情画意；时而抒写"背影"之情、"亡妇"之恋、"儿女"之怜以及友朋之谊，向我们袒露一颗最真纯、诚挚的心；时而捕捉那"匆匆"即逝的"春"光，又领我们一起寻求那生活中微妙的情绪和哲理；时而又忍不住将那丑陋社会的帷幕挑破一角，将"生命的价格""上帝的骄子"予以暴露，为我们展现出"狷者"的风采。今天看来，这些正是朱自清早期散文创作的"可爱"与"可贵"之处，也是最初吸引我研读朱自清作品的魅力所在。

在阅读的过程中，我的视野也渐渐放开。我了解到，年轻时的朱自清是以诗人的姿态跨入文坛的。他不仅是一位有影响的诗人，一位散文大家，他还是一位著名的学者、教育家和民主战士。那时候，我们读大学是真的想读书。为了进一步研读朱自清，我开始有目的地查找朱自清先生的全部著作，收集朱自清研究的评论文章，并且购置与其相关的书籍。大学四年级写毕业论文时，我自然选择了朱自清。我用了近四个月的时间，完成了《论朱自清早期散文的意境美》，共一万五千字。论文指导老师是吴质富先生。当时的我，还未能熟练地掌握写作的技巧，吴老师在充分肯定我的长处后，也指出了我的不足——材料的取舍、论述的深入、语言的精炼，都有待提高。

1984年7月，我25岁，大学毕业，分配在芜湖教育学院中文系工作。我先后教授"文学概论"和"中国古代文学作品选读"。也就在这个前后，学术界开始重视朱自清了。《朱自清作品欣赏》《朱自清研究资料》《朱自清传》《朱自清全集》等在这样的学术氛围中陆续出版了。我是看到一部买一部，同时，我还复印了大量的有关朱自清的评论文章，并制订了研读朱自清的写作计划。

后来，我有两次去北京学习和参会的机遇，这对我研读朱自清有很大的促进作用。1990年暑假，我去北京师范大学中文系参加"文学理论助教研修班"的学习，学员们来自全国各地高校。四个星期的学习很紧张，很充实，也大大开阔了我们的学术眼界。童庆炳先生的"文学活动的美学阐释"课程，立意高远，角度新颖，评析作品，娓娓道来，给我的印象最深。其间，学校利用一个休息日，组织大家游览长城。四个专业的班级，分乘四辆大客车出发，只有我一人没有去。我想，我来北京一趟不容易，我要利用这个机会去看看朱自清先生服务了大半生的清华园，去看看朱自清写作《荷塘月色》的实地实景。

夏日的清华园，阳光普照，树木成荫，格外安静。走近"荷塘月色"亭，我真是激动不已。朱自清先生所描写的"荷塘"就在眼前！原来，这里藏有一方小岛，岛的四周便是荷塘。满池的新绿，郁郁葱葱。荷花亭亭玉立，荷叶田田相依，宛如水彩画一般，煞是好看。我围绕着荷塘外围漫步着，心中默默背诵着《荷塘月色》，心情无比激动！那时年轻，始终在思考一个问题：放眼荷塘，我并没有看到荷花"有袅娜地开着的，有羞涩地打着朵儿的；正如一粒粒的明珠，又如碧天里的星星，又如刚出浴的美人"。好像朱自清先生所描写的"荷塘"与我们芜湖的差不多，甚至还没有我们芜湖"陶辛水韵"的"荷渠"壮观。但我转而慢慢体会到，朱自清笔下的"荷塘月色"之所以描写得精彩绝伦，是因为朱先生将自己那"淡淡的喜悦"与"淡淡的哀愁"的心绪注入荷花、荷叶、荷水之中，那丰美的意象，为我们创造了一个情景交融的只存在于读者心目中的艺术空间，如是，才有这样的情致与韵味。这样的漫步与思索，真是无比兴奋，无比享受。

我一个人独自思考着，突然冒出一个想法。我想去看看朱自清先生的墓。于是，问了四周许多人，都说不知道。打开地图，我找到了万安公墓。我知道，北京许多名人都葬于此地，朱先生也许就葬于此地。接着，我一边问路，一边转乘几趟公交车，来到海淀区香山南路附近。

我清楚地记得，那是一条几十米宽的柏油路。路上几乎看不到行人。路两旁是高高的白杨树，一眼望去，无边无际。路的两侧全是苹果园，苹果还没有成熟。我独自一人走在这条路上，心里有莫名的慌乱。好不容易看见一位执勤的民警，问他万安公墓在何处，他说，"向前走就是呀。"我又问，万安公墓中可有朱自清先生的墓。他不好意思地说，"这个我还不清楚呢。"离他不远处有一位卖青苹果的中年妇女说，"有的，这里面有朱自清教授的墓。"我又一次兴奋了！万安公墓的面积非常大，阡陌交通，花木茂盛，清灵静幽。凡是名人，路边都有指示路标。走不了几步，就看见"朱自清教授之墓"的指示牌。再走几步，就望见"国立清华大学朱自清先生之墓"的墓碑。与周围其他的墓碑相比，没有多大区别。我向管理人员要一束路边的花，他要我付十元钱。付完钱，我将花摆在碑前，中间还夹了一张字条："朱自清先生，我敬佩您的为人和学问！一位来自安徽的青年教师。"那时候，我没有照相机，更没有手机，只恭敬地鞠了三个躬，但心情异常兴奋，觉得自己干了一场"惊天动地"的大事！

回到芜湖，我立即写了一篇散文《夏日的情思》。之后，在若干年里，我行政、教学都很忙，但仍然不忘研读朱自清，先后完成了《论朱自清雅俗共赏的美学观》（《安徽师范大学学报》1991年第2期）、《朱自清早期散文创作的艺术追求》（《喀什师范学院学报》1996年第4期）、《论朱自清的语文教育观》（《安徽教育学院学报》1999年第3期）等多篇文章。其中，《论朱自清雅俗共赏的美学观》一文写了一万三千字，得到责任编辑陈育德先生的充分肯定。该文还被"中国人民大学复印资料"全文转载，《文汇报》"学术新论"栏目要点介绍。

又过去了十三年。2003年，我有一次去清华大学开会的机会。北京的冬天格外寒冷，室外温度零下6度，而室内会场有20多度。会议期间，大家都脱去大衣。但我穿着棉皮鞋，热得实在难受。我当时就想，时过境迁，我现在还愿意再去看看朱自清先生的墓吗？想着想着，我便溜出了会场，再次来到了万安公墓这条路上。还是从前的柏油路，但已成为北京的五环路了。车水马龙，源源不断，好不热闹。我站在路边，显得很茫然。这时，从路边果园开出一辆带车斗的拖拉机。我立即招手，问万安公墓在哪？司机用手指指前方。拖拉机开了一段路，停下了，开车的年轻人招招手，让我站在车头与车斗的连接处。此时，寒风扑面而来，吹起我的围巾，吹乱了我的头发。有一次，我给外语系的学生讲"大学语文"时，生动地描述了这个细节。有一位女生轻轻地说："老师，那好帅呀！"全班同学都笑了。我说，那不是帅，那是一位执着的教师在时隔十三年后，他那颗爱学习、求上进的心没有泯灭，他愿意再次去看朱自清先生的墓，就说明了这一点。从此，我下定决心，要为朱自清写一部专著。那一年，我45岁。

对于朱自清的研究，学术界经历了坎坷的道路和几个重要阶段。特别是随着改革开放的深入，新的研究资料的发掘，有了丰硕的成果。这些成果，突出地表现在四位研究专家的论著中。

第一位可以称为朱自清研究专家的是朱自清之子朱乔森先生。他先在前辈学者整理研究的基础上，耐心细致地将朱自清的文集一本一本地出版，部分日记和书信还出了单行本，并且在整理的过程中收集了大量的散佚资料和文献。1988—1998年，朱乔森因患直肠癌和肺癌两次大手术，但仍以坚强的毅力，抱病整理其父的遗稿，并最终完成了《朱自清全集》十二卷（江苏教育出版社）的编辑工作，为后续研究者提供了可靠的资料保证，也为中国文化事业的发展作出了宝贵的贡献。今天的读者，从《朱自清全集》中，"窥见一位文学名家（朱自清）的创作全貌，窥见他丰富多彩的文学世界、精神世界，领略其紧随时代前进、不惜牺牲生命，从而'表现了我们民族的英雄气概'的曲折壮丽的思想历程与心灵轨迹，并从他正直诚恳的做人态度中，从他求真求实的创作态度、治学态度中，从他所表现的我国优秀知识分子的高尚气节中，汲取到有益的营养。"（张宗刚：《功德无量的文化工程——评〈朱自清全集〉》，《中国图书评论》1998年第5期）《朱自清全集》使我们不但认识到朱自清是一位作家，"更是一位情操高尚的学者"，

"一个富贵不能淫、贫贱不能移、威武不能屈的民主斗士"。（张宗刚文，同上）

在众多的朱自清研究者中，姜建先生可以说是用力最勤、成果最多、最系统、影响也很大的一位。他从1986年起，开始研究朱自清，从史料搜集、生平考辨，到作品研读、思想探讨，自成系统。多年来，一直孜孜不倦，默默地在这方园地中耕耘，并不断地推出研究成果。1989年前后，在《文学评论》刊物上发表了两篇重要的朱自清研究综述论文：一篇是关于新中国成立前朱自清研究的综述，一篇是关于新中国成立后至改革开放时期朱自清研究的综述。这两篇文章不仅总结了前人对朱自清研究的成果，还明确地提出了当今研究朱自清的新思考。在接下来的几年内，姜建先生还完成了以下作品：1992年，所编文学剧本《朱自清》由江苏电视台拍成电视剧播出；1993年推出一部专著《大地足印——朱自清传记》（江苏教育出版社）；1995年出版了另一部传记《朱自清·陈竹隐》（中国青年出版社"名人爱情"丛书）；2001年又出版了《完美的人格》（文史哲出版社）。特别是1996年，姜建与吴为公合编出版了《朱自清年谱》（安徽教育出版社），通过丰富详实的资料的发掘与整理，勾画出朱自清先生的人生轨迹、思想发展与情感世界，也表明了他研究朱自清的基本特色，即专注性、系统性、系列性和资料性。《朱自清年谱》也是我写作《朱自清诗传》的主要参考文献之一。这期间，姜建还发现、整理了朱自清散佚的文章和书信一百多篇，为进一步研究朱自清作出了突出贡献。（参见郭瑷瑷、马宏柏：《评吴周文、姜建等〈朱自清散文艺术论〉与〈朱自清年谱〉》，《徐州师范大学学报》1997年第4期）

吴周文与张王飞、林道立合著的《朱自清散文艺术论》（江苏教育出版社）一书，是研究朱自清散文的最高成就。在这之前，吴周文先生已在《文学评论》等刊上撰文，将朱自清的散文研究推向"回归文学本体论析"的新阶段。"所谓文学本体的研究，就是指运用文学创作的特殊规律，通过对作家的美学理想、文学观念、审美心理、创作原则与文本的语言、结构、风格等条分缕析，揭示蕴含于文本中的艺术美的文学性。"（孙德喜：《回归文学本体的论析——评吴周文等新著〈朱自清散文艺术论〉》，《海南师范学院学报》1996年第3期）吴周文先生对朱自清散文的创作观念和美学原则"意在表现自己"加以论述，从而进一步"从艺术心理学的角度研究作家的创作"，特别是将"感兴思维"与"'哲思'式的思维"作为重要内容。同时还"把握作家的审美理想与人格理想"，认为它们培育了"作品的风骨"和"作品的灵魂"。吴周文还"独辟蹊径"，从"感性心理的角度"，分析朱自清散文语言的独特魅力。（参见孙德喜文，同上）

谈到对朱自清散文的评价，也有一些不同的声音。最有代表性的是台湾著名诗人、评论家余光中先生。他"以现代人的情怀、学者的慧眼和作家的敏锐，读出了朱自清散文中的不足之处"。他认为，朱自清的散文在写景中"好用女性意象"，并且把朱自清的这种写景手法称为"女性拟人格"笔法。"小姑娘，处女，舞女，歌姝，少妇，美人，仙女……朱自清一写到风景，这些浅俗的轻率的女性意象必然出现在笔底，来装饰他的想象世界"。（刘川鄂：《读余光中对朱自清散文的批评》，《世界华文文学论坛》2001年第3期）作为诗人、评论家的余先生也许有他的道理，但他的意见不能让我们信服。把景物比喻成女性，这是中国文人作品的共同特点。而且，朱自清散文中的"女性意象"并不像余先生所说的那样"浅俗的""轻率的"，甚至有"副作用"的。余先生所举的《荷塘月色》《绿》《桨声灯影里的秦淮河》三篇作品里是有不少"女性意象"。但问题的关键，不是我们非要寻找其"女性意象"的描写，而是要体味他描写中所渗透的独特的内心感受以及艺术意境的整体面貌，体味他的散文意境中独有的中国文人的"退守意识"。风格是多样的，我们不能要求每一位作家都要有"主体的张狂、自由的激情、人性的飞扬"，这是不切合实际的。我们更不能以所谓"现代人"的观念来要求朱自清那个年代的人也具有"现代人"的思想。其实，朱自清的散文创作，在他那个年代已给人们带来一股清新的文风、清新的气息。

在朱自清研究者中，陈孝全先生也是不可忽略的专家。他起步早、功底深，从1980年开始就从事关于朱自清研究的教学工作和"朱自清研究资料"的编辑工作，并出版了《朱自清作品欣赏》（与刘泰隆合著，广西人民出版社）。他是第一位撰写《朱自清传》（北京十月文艺出版社）的作者。该书从接受任务到最后完成，耗时十年，花了很多时间探求搜集朱自清著作和有关资料。在该书"后记"中，陈孝全动情地写道："我在搜集汇编资料时，到北京走访过他的夫人陈竹隐先生及其子女朱乔森和朱蓉隽同志；还访问了他的生前诸友好叶圣老、王瑶、季镇淮诸先生，承蒙他们热情接待，回答了许多问题，提供了不少资料；还和远在山西财政厅工作的朱闰生同志通信，得到他的帮助。继后，我又去杭州、扬州、昆明等地，探访他曾流连过的胜境，在那里体味他当时的心情，寻觅他生命的迹印，增加了不少感性的认识。"可见，陈孝全先生的研究不是闭门造书，而是做了大量细致的准备。这部传记，紧扣时空线索，将大时代风云与朱自清的生活历程紧紧地联系在一起，生动、细致地剖析了朱先生的思想情绪、心理状态、个性特征和主要作品的风格和情致，给广大读者深深的感染，为朱自清研究者带来不少启迪。

上述研究专家有一个共同的特点，他们对朱自清的研究能够做到独辟蹊径，深入探索，而不是人云亦云，固步自封。这给后来研究者一个很大的启示。今天，我们要真正研读朱自清，就不能停留在那些早已深入读者心灵的名篇上，不能老是在那些名篇上打转转，而是要站在更高的视点，审视研读。比如，系统地总结朱自清的创作思想，并对这一创作思想的丰富内涵以及对当今创作的现实意义加以探析，就是一条很好的尝试之路！因此，我从2005年起，花费了四年时间，完成了学术专著《朱自清创作思想研究》，并由安徽大学出版社出版。于敏老师不辞辛苦，担任拙著的责任编辑，她为我这部书稿的出版给予了极大的鼓励和帮助！

这部书稿出版时，我请我的好友、安徽师范大学文学院博士生导师刘运好教授作序。运好兄怀念当年与家父的师生之情，于繁重的教学与科研中，认真审阅。他不嫌书稿粗陋，逐章指点，倾情为序，良多赞辞，让我受益匪浅！他对这部书稿内容有一个很好的概述：

> 大卫君的著作共七章，可分为四大部分：第一、二两章是第一部分。知人论世，概述朱自清的人生轨迹；抓住特点，抽象朱自清的学术品格。第三、四、五章是第二部分。分别从新诗、散文、杂文三个方面细致地论述了朱自清的不同文体的创作思想。第六章论朱自清文学思想，可以看作第三部分。表面看，似乎与上三章有交叉叠合，细读之，则别有理论匠心之所在。以"雅俗共赏"概括朱自清文学思想的核心，既得其理论的精髓，也得其创作的精髓。最后一章论述朱自清的学术研究，是论著的最后一部分，在结构上类似于全书的附录，但是细心的读者就可以发现，作为作家兼学者的朱自清先生，他的学术研究与他的创作有剪不断的联系。作家研究文学，往往有独特的感悟，以对自己创作的透彻之悟而悟前人的创作，最能洞悉其中的三昧。因此朱自清的学术研究，从某种意义上说，也是他创作思想的一种延伸；研究朱自清的学术研究，也能够深化对他创作思想的理解。

在日后的"文艺欣赏"课程中，我常常自信地描述朱自清先生的文学创作风貌与心路历程：俯瞰朱自清一生的文学活动，给我们最突出的印象，就是他与许多老一辈学者一样，其文学创作理论是以其文学创作实践为基础的，而他的文学批评理论研究则是为其文学教学服务的。这样，他的文学创作理论和文学批评理论就有一种脚踏实地的感觉——既不是"空中楼阁"，更不是"海市蜃楼"。他从诗人到学者，一步一个脚印，深深地踏在生活的泥土上！坎坷的人生道路与严肃的生活态度，决定了他的文学创作、文学教学和文学批评稳步发展。他三十年如一日，埋头读书，勤奋写作，步步为营，稳扎稳打，给我们留下四百余万言的文化遗产。

2010年，也就是《朱自清创作思想研究》出版的第二年，在我们院长姚本先教授的极力鼓励和帮助下，我申报了教授职称，并很快得以评定。这对我是很大的鼓舞！这一年，我52岁。我觉得，"朱自清研究"工作还可以继续，还可以开辟新的研究领域。根据这些年写作过程中的思考和资料的积累，我决定写一部《朱自清传论》。写作的第一步，当然是考虑总体的框架。这样才能做到"写的是局部，想的是全局"。今天看来，朱自清的一生，其主要文学活动是在1917年到1948年这三十年间，与中国现代文学史的发展相始终。因此，可以说，朱自清的全部文学活动及其生命历程是中国现代文学史的一个侧影。换句话说，中国现代文学史发展的每一个重要阶段和突出的文学现象，我们都能在朱自清先生的生命历程中找到印记。于是，我将《朱自清传论》拟分八章描述：求学北大、执教江南、重返北京、漫游欧洲、论学清华、春城岁月、学术成都、风雨中国。而且，拟一边叙述其生平事迹、创作成果、学术研究、思想历程，一边加以评述与评论。因为行政工作的忙碌，我虽这样计划着，但还没有真正动笔。

2013年，我们两校合并（芜湖信息技术职业学院与芜湖职业技术学院组建新的"芜湖职业技术学院"），学校领导非常重视科研工作，为每一位教授设立了专项科研经费。于是，我申报了"朱自清传论研究"，并很快得以批复立项。就在这个时候，有一个小小的插曲，改变了我的想法。我除了研读朱自清外，还是一位诗歌爱好者。这些年，《等待栀子花开》《我的心依然年轻》以及之后出版的《寄语四月》都是我创作的诗集。有一段时间，我如醉如痴，沉迷于诗歌创作之中，忘记了许多烦恼、委屈和思虑，躲在龙窝湖畔"斗室斋"中。写诗成了我生活的一部分。也就在这个时候，我有一个奇妙的想法：我想将朱自清的一生写成《朱自清诗传》，还以《朱自清传论》素材为基础，还是分为八个部分。这也许是个"创举"。我把这个想法与我校负责科研工作的陈慧敏教授商议。她完全赞同，并在以后项目进展的一系列环节予以大力的支持与相助。

尽管，现在写诗的人比读诗的人似乎还多。但我坚信，只要功夫用到了，写出真情实感，还是有人愿意读的，也包括读名人诗传。我的《朱自清诗传》，拟写八章48节，加上"序曲"和"尾声"，共50节，与朱自清先生50年的生命历程相对应。每章前有"小序"，每节有标题。传后附有"年谱简编""注释"和"主要参考文献"。其中"小序""年谱""注释"，各有侧重，互为补充。全诗将以平实的风格、生动的诗语和充沛的感情记录朱自清平凡而卓越的一生。在具体的写作中，我始终考虑三个问题：一是总体结构上要有大局意识，合理安排，不图一时写作之快；二是材料的运用，既要有依有据，又要取舍得体；三是要充分考虑到诗歌的特点，特别是"诗传"的特点，诗之节奏、韵律、建筑和诗句字数的长短，都要精细地设置。我觉得，"诗传"本质上还是叙事诗。何其芳先生曾说过，"叙事诗需要歌唱一个故事，长篇叙事诗尤其需要如此。"但在如何歌唱故事的技巧上，大家的理解也不尽相同。这就让我迟迟不敢动笔。

这部诗传的起步，开始于2016年暑假。我断断续续前后用了三年多时间，但真正静下心来用功写作，是2019年退休后的大半年。时光飞逝，转瞬我就到了临近退休的年龄。越在这个时间段，越想把退休前的各项工作做好，完美收官，问心无愧，才能从容地投入创作之中。我是这样想的，也是这样做的。当我完成了《朱自清诗传》第四稿时，心情真是无比喜悦，也无限感慨！如今，在高职院校搞纯粹的科研工作和创作工作是非常困难的。加之个人理论修养和文字功底欠佳，一时很难出成果。好在我不忘初心，始终不渝，坚持到了今天。

每当夜深人静，我在电脑前写作，就时常想起已去世十余年的父亲。父亲方可畏，生前是安徽师范大学中文系主任、教授、硕士生导师，他孜孜不倦的工作作风对我影响很大。他长期身体不好，后来每年都要住几次医院，但他始终不放弃他的"中国诗学"的研究。他非常关心我的学业，甚至反对我兼任行政工作。他总是鼓励我多读书，希望我静下心来，在科研上做到三个集中：课题集中，时间集中，精力集中。可惜我没有完全听他的话。他讲的人生"一本书主义"的"故事"对我影响最大。我发表的第一篇文章《朱自清早期散文的意境美》（《学语文》1985年第3期）就是他在住院的病床上帮我修改的。那时候，我每有"佳作"，就及时给他看，甚至还仅仅是一些想法，也及时"汇报"。父亲从来都是认真地听我说，从来都是鼓励的话多。有时他点拨几句，我会大受启发。他出差北京，看见《朱自清研究资料》《朱自清传》立即买下，并在《朱自清传》的扉页上写道："大卫：你研究朱自清，今天我得评审费三十元，这本书就买来送你——爸爸，九一、十、二六。"《朱自清创作思想研究》这部书的大纲初稿他就仔细看过，并提了许多建设性的意见。每每想到自己的写作能被父亲欣赏，就有说不出的兴奋！似乎，我是为父亲而写作的！我常极幼稚地思索：也许父亲在另一个世界还会天天关注我，也许他会埋怨我整天忙于行政而荒废了学业，也许父亲知道我也是系主任（院长），也是教授，也出版了专著，会无比欣慰……不管怎么说，只要我学业上有所建树，完成我的"朱自清研究"，而且要继续父亲的诗学研究工作，继续进行文学创作，父亲一定会感知的，一定会保佑我的！

我的"朱自清研究"固然取得一些成绩，但是我心里非常明白，我所取得的这些成绩与前辈、家人、同事、朋友的关心、支持和鼓励是分不开的。我们今天的社会，是一个集体的社会，是人与人之间关系建立起来的社会，单靠哪个个人的力量是不可能取得优异成绩的。写到这里，我想起我读大学时的一件事。那个时候，我们同学都爱读书，而且彼此知道各自的爱好与研读方向。除了我喜爱朱自清，还有一位温宝根同学也喜爱朱自清。我们一个大班，在一起上公共课，但不是一个小班，当时还不十分熟悉。他有次路过报亭，看到《文学报》上登载了朱自清散佚的一篇文章《春晖的一月》，特意买了两份报纸，并托同学交给我。这件事至今想起来我都十分感动！我还记得，2009年，我一鼓作气发了三篇文章：《"诗是跟着时代又领着时代的"——朱自清新诗创作理论》（《安徽师范大学学报》2009年第2期）、《朱自清古典文学欣赏理论初探》（《安庆师范学院学报》2009年第7期）和《朱自清古典诗学批评初探》（《佛山科学技术学院学报》2009年第5期）。这三篇文章的顺利发表，得力于凤文学、方锡球、陈锡年三位教授的热心指点与帮助。在这里，除上文提到的，我还想起吴家荣、袁立庠、武道房、岑杰、朱移山、李霆、何旺生……诸位先生和朋友的名字，他们以自己的方式，对我学业的进步及"朱自清研究"给予极大的鼓励、关怀和支持！这一切，我都以感恩的心铭记胸中！

对我来说，"朱自清研究"虽暂告结束，但读书写作不可停止。我虽已退休，但还是一位"耳顺少年"，青春常驻，心系远方。我现在有了充裕的时间，还有更庞大的写作计划正在酝酿之中。它像一团火在胸中熊熊燃烧，放飞梦想，砥砺奋进。此时，我想起我十年前写的《我的心依然年轻》中的诗句：

　　　　我的心依然年轻
　　　　华发续燃着
　　　　这年少的风情

　　　　我听得清栀子花香
　　　　牵着远远的流萤
　　　　拥抱晚风的
　　　　那一刻呀
　　　　亲吻着夏夜的星星

　　　　我的心如此年轻
　　　　别瞧我戴上了老花眼镜
　　　　我看得见

你芬芳的心跳

也听得见

你舒缓的歌吟

回眸那美妙的瞬间

我的心呀，依然年轻

诗稿完成后，我请刘运好教授审阅。我知道，这么多年来，运好兄始终保持着旺盛的斗志，潜心学问，笔耕不辍，并取得丰硕的成果。他是我学习的榜样！审稿中，他直言不讳地指出我诗稿中的不足之处，并提出合理化的修改建议。我很乐意接受，并向运好兄表示由衷的感谢！在这之前，我还请我的好友、安徽师范大学文学院桑农老师为我审阅诗稿。桑老师有很好的理论修养，近年著述丰厚。他做事极为认真，于炎热的夏季，耐心阅读，仔细揣摩，慎重修改，并提出书名由"长篇叙事诗《朱自清》"改为《朱自清诗传》，令我十分感激！"朱自清故居"韩峰馆长为该书提供了若干图片，并在每张图片下标明了时间和简介文字。这大大丰富了书稿。安徽师范大学出版社社长张奇才教授，我们初识，但他像老朋友一样，对该书的出版，给予充分的理解和无私的帮助。责任编辑胡志立等老师为本书的出版付出了极大的辛劳。在此一并致谢！

为了慎重起见，出版社胡志恒老师建议，最好能联系朱自清先生的一位亲属，审稿把关。于是，我携夫人一起，在一个秋日暖阳的午后，专程驱车至美丽的瘦西湖畔，拜访了朱自清先生的嫡孙、扬州文化研究所所长朱小涛老师。我们一见如故，相谈甚欢。朱老师的谦和、健谈和丰富的阅历，给我们留下了极深的印象。这些年来，朱老师一直兼任扬州"朱自清故居"名誉馆长，协助馆藏整理工作，并接待了众多海内外知名人士和参观者。他还不遗余力，将朱家分散在各地的亲属联系起来，培养新的亲情；他还将当年朱自清先生挚友的后辈联络起来，并建立了新的友谊！他特意向我们介绍了徐强教授研究朱自清的最新成果，并转送了徐强教授编辑的、一百余万字的《长向文坛瞻背影：朱自清忆念七十年（上下册）》（广陵书社2018年版），并简要介绍了徐强教授拟重新校勘、整理出版《朱自清全集》工作的近况。这些都让我十分感动与敬佩！在我再三邀请下，朱小涛老师为我这部《朱自清诗传》写了"序"。这篇序文以独特的视角，丰富的情感，详实的材料，完美的文字，介绍了朱自清先生的平凡而卓越的一生，确实是篇难得的好文章。朱老师对我的诗稿也看得很细致，因而，序也写得文辞诚恳，亲切无比！在我看来，这是对我写作《朱自清诗传》的极大鼓励与认同，也是我俩同龄人之间的友情见证！

岁月静好，往事如歌。一个人能用其人生最美好的年华去做一件他认为值得做的事，这不仅是一种承诺，一种追求，一种责任，而且，也是一种成长，一种风采，一种享受！不管他的成绩如何，都是值得欣慰的。也许，这就是我所理解的诗意人生！

方大卫

2019年12月31日，于芜湖碧桂园·斗室斋